Fortsetzung auf der 3. Umschlagseite.

Sammlung

Aufserdeutscher Strafgesetzbücher.

Herausgegeben von den Schriftleitungen

der

Zeitschrift für die gesamte Strafrechtswissenschaft

und der

Mitteilungen der Internationalen Kriminalistischen Vereinigung.

XLIII.

Das englische Gesetz betreffend die Fürsorge und Verwahrung geistig Minderwertiger.

BERLIN 1914.

J. Guttentag, Verlagsbuchhandlung,

G. m. b. H.

Das englische Gesetz

betreffend

die Fürsorge und Verwahrung geistig Minderwertiger.

Aus dem Englischen übersetzt

von

Dr. jur. E. Behrend,
Amtsrichter in Charlottenburg.

BERLIN 1914.
J. Guttentag, Verlagsbuchhandlung,
G. m. b. H.

Mental Deficiency Act 1913.

(3 u. 4 Geo. 5. Ch. 28.)

Gesetz betreffend die Fürsorge und Verwahrung geistig Minderwertiger.

(Nr. 28 im 3. und 4. Regierungsjahr Georg V.)

Inhaltsverzeichnis.

Teil II.

Zentral- und Lokalbehörden.

Zentralbehörde.

Lokalbehörden.

Teil III.

Genehmigung und Vorschriften für die Anstalten usw.

Teil IV.

Seite

Allgemeine Bestimmungen.

Strafbare Handlungen, gerichtliches Verfahren usw.

Zusatzbestimmungen.

Gesetz Nr. 28 vom 15. August 1913.

Ein Gesetz zum Zwecke weiterer und besserer Fürsorge für Schwachsinnige und andere geistig minderwertige Personen und zur Ergänzung der Irrengesetze.

Teil I.

Befugnisse und Maßnahmen gegenüber geistig Minderwertigen.

Befugnisse gegenüber geistig Minderwertigen.

§ 1. 1. Folgende geistig defekte Personen sind als geistig minderwertig im Sinne dieses Gesetzes aufzufassen:

a) Idioten („idiots") d. h. Personen, die von Geburt oder früher Jugend an so tief geistig defekt sind, daß sie unfähig sind, sich selbst gegen gewöhnliche äußere Gefahren zu schützen;

b) Imbecille („imbeciles") d. h. Personen, bei denen von Geburt oder früher Jugend an ein geistiger Defekt besteht, der sich zwar nicht bis zur Idiotie steigert, der aber doch soweit geht, daß sie unfähig sind, für sich und ihre Angelegenheiten zu sorgen, oder falls es sich um Kinder handelt, daß diese unfähig sind hierzu erzogen zu werden;

c) schwachsinnige Personen („feeble-minded persons") d. h. Personen, bei denen von Geburt oder von früher Jugend an ein geistiger Defekt besteht, der sich zwar nicht bis zur Imbecillität steigert, der aber doch so ausgesprochen ist, daß sie Pflege, Überwachung und Aufsicht zu ihrem eigenen Schutze und zum Schutze anderer bedürfen, oder falls es sich um Kinder handelt, daß sie auf Grund ihres Defekts dauernd unfähig erscheinen, durch gewöhnlichen Schulunterricht einen geeigneten Erfolg aufzuweisen;

d) moralisch Imbecille („moral imbeciles") d. h. Personen, die von früher Jugend an einen ständigen geistigen Defekt aufweisen, verbunden mit stark lasterhaften oder verbrecherischen Neigungen, auf die Bestrafung wenig oder gar keine abschreckende Wirkung ausübt.

Als Kommentar zu obigem Gesetz erschien: A Guide to the Mental Deficiency Act, 1913, by John and Samuel Wormald (London 1914, P. S. King & Son).

§ 2. 1. Ein geistig Minderwertiger kann auf Grund dieses Gesetzes in eine Anstalt für geistig Minderwertige gesandt oder untergebracht oder unter Vormundschaft gestellt werden:

a) auf Antrag seines Vaters oder Vormunds, wenn er Idiot oder imbecill ist, oder auf Antrag seines Vaters, wenn er, ohne Idiot oder imbecill zu sein, das 21. Lebensjahr nicht vollendet hat; oder

b) wenn zu seinem geistigen Defekt noch hinzukommt, daß er

aa) in vernachlässigtem verlassenem Zustand, oder ohne jegliche Unterhaltsmittel oder in grausamer Behandlung aufgefunden wird; oder

bb) einer strafbaren Handlung für schuldig befunden oder seine Unterbringung in eine genehmigte Erziehungsanstalt („certified industrial school") angeordnet wurde oder anzuordnen wäre; oder

cc) eine Gefängnis- oder Zuchthausstrafe (mit Ausnahme der Gefängnishaft im Zivilprozeß) zu erdulden hat oder auf Grund eines Gerichtsbeschlusses in ein Jugendgewahrsam („place of detention"), in eine Besserungs- („reformatory") oder Erziehungsanstalt oder in eine Trinkerbesserungsanstalt („inebriate reformatory") untergebracht werden soll, oder sich in einer Irrenanstalt oder Anstalt für verbrecherische Geisteskranke befindet; oder

dd) ein Gewohnheitstrinker im Sinne der Trunksuchtgesetze aus den Jahren 1878—1900 ist; oder

ee) über ihn eine Anzeige durch die lokale Schulbehörde erstattet ist, wie dies im Folgenden näher dargelegt wird; oder

ff) zur Zeit der Geburt eines unehelichen Kindes oder zur Zeit der Schwangerschaft Armenunterstützung erhält.

2. Eine Anzeige, über deren Form besondere Ausführungsbestimmungen durch die Unterrichtsverwaltung zu erlassen und dem Parlament, wie im Folgenden angeordnet wird, vorzulegen sind, ist durch die lokale Unterrichtsbehörde an die Lokalverwaltung über alle geistig defekten Kinder über 7 Jahre zu erstatten:

a) die auf Grund ihres geistigen Defekts für unfähig angesehen werden, aus dem Unterricht in Hilfsschulen oder Hilfsklassen („special schools or classes") irgend einen oder weiteren Nutzen zu ziehen, oder die ohne Nachteil für die anderen Kinder dort nicht unterrichtet werden können, oder bei denen die Unterrichtsverwaltung bescheinigt, daß besondere Umstände es wünschenswert erscheinen lassen, daß sie auf Grund dieses Gesetzes in eine Anstalt oder Vormundschaft gebracht werden;

b) die mit oder vor Erreichung des 16. Lebensjahres aus den Hilfsschulen oder Hilfsklassen entfernt oder entlassen werden und bei denen die Unterrichtsbehörde es für dienlich hält, daß sie in eine Anstalt oder unter Vormundschaft gebracht werden.

§ 3. 1. Der Vater oder Vormund eines geistig Minderwertigen, der Idiot oder imbecill ist, und der Vater oder Vormund eines geistig Minderwertigen, der, ohne Idiot oder imbecill zu sein, unter 21 Jahren ist, kann diesen in eine Anstalt oder unter Vormundschaft unter folgenden Voraussetzungen bringen: der geistig Minderwertige darf in eine Anstalt oder unter Vormundschaft nur auf Grund von Bescheinigungen gebracht werden, die in vorgeschriebener Form von zwei approbierten Ärzten unterzeichnet sind, von denen einer zur Erteilung solcher Gutachten von der Lokalbehörde oder dem Aufsichtsamt („Board") besonders bestellt ist. Wenn es sich um einen geistig Minderwertigen handelt, der nicht Idiot oder imbecill ist, muß die Bescheinigung auch noch von der dazu gestellten Gerichtsbehörde nach stattgehabter Untersuchung unterzeichnet sein. In der Bescheinigung muß ausgedrückt sein, daß jeder der Unterzeichneten die feste Überzeugung erlangt hat, daß die Person, auf die sich die Bescheinigung bezieht, geistig minderwertig ist. Es muß ferner in der Bescheinigung die Klasse, zu der der geistig Minderwertige gehört, genannt sein und ein vom Vater oder Vormund unterzeichneter Bericht beigefügt werden, der die vorgeschriebenen Einzelheiten über den Fall enthält.

2. Wird der geistig Minderwertige auf diese Weise in eine Anstalt oder unter Vormundschaft gebracht, so haben die Leiter der Anstalt oder die zum Vormund bestellte Person innerhalb von 7 Tagen nach seiner Unterbringung dem Aufsichtsamt („Board of Control", in diesem Gesetz kurz „the Board" genannt), über dessen Einrichtung späterhin näheres angegeben ist, Anzeige von der Unterbringung und andere vorgeschriebene Nachrichten zu erstatten.

§ 4. Gegen einen geistig Minderwertigen, der nicht unter § 2 Abs. 1a fällt, kann die beschriebene Fürsorge eingeleitet werden:

a) durch Gerichtsbeschluß auf einen nach diesem Gesetz gestellten Antrag hin; oder
b) durch Beschluß eines Strafgerichts gegenüber einem geistig Minderwertigen, der einer strafbaren Handlung für schuldig befunden ist, die bei Erwachsenen mit Gefängnis oder Zuchthaus bestraft wird, oder auf die hin er einer Fürsorgeanstalt überwiesen werden müßte.
c) Durch Anordnung des Staatssekretärs, wenn es sich um einen geistig Minderwertigen handelt, der sich im Gefängnis, einer Strafanstalt für verbrecherische Geisteskranke, einer Fürsorge- oder Besserungsanstalt, einem Jugendgewahrsam oder einer Trinkerbesserungsanstalt befindet.

Ein derartiger Beschluß darf nur unter Zugrundelegung der im Gesetz genau bezeichneten Umstände und Erfordernisse erfolgen.

Erfordernisse für die Beschlüsse auf Anordnung der Fürsorge.

§ 5. 1. Ein Gerichtsbeschluß auf Anordnung der Fürsorge kann nach diesem Gesetz auf Antrag eines Verwandten oder Freundes der als geistig minderwertig bezeichneten Person oder auf Antrag eines Beamten der Lokalbehörde, die auf Grund dieses Gesetzes dazu befugt ist, erfolgen.

2. Jedem Antrage müssen zwei ärztliche Bescheinigungen beigefügt werden, deren eine von einem für Abgabe derartiger Gutachten von der Lokalbehörde oder dem Aufsichtsamt besonders bestellten Arzt zu unterzeichnen ist; oder es muß eine Bescheinigung beigefügt werden, daß eine ärztliche Untersuchung nicht tunlich war. Ferner muß durch den Antragsteller und wenigstens eine weitere Person (die einer der Ärzte, der ein Attest ausgestellt hat, sein kann) eine gesetzmäßige Erklärung darüber abgegeben werden:

a) daß derjenige, auf den sich der Antrag bezieht, geistig minderwertig im Sinne dieses Gesetzes ist und, zu welcher Klasse von geistig Minderwertigen er gehört;
b) daß er zu denjenigen Personen gehört, auf die sich dieses Gesetz bezieht und welche Umstände dafür sprechen;
c) ob bereits ein Antrag auf Grund dieses Gesetzes oder auf Grund der Irrengesetze aus den Jahren 1890—1911 kürzlich gestellt worden ist. Wenn ein solcher bereits vorgelegen hat, muß die Zeit und das Ergebnis des Verfahrens angegeben werden;
d) falls ein Zeugnis beigefügt wird, daß die ärztliche Untersuchung untunlich gewesen ist, müssen die näheren Umstände hierfür dargelegt werden.

3. Wenn ein Antrag nicht von einem Verwandten oder Beamten der Lokalbehörde gestellt wird, muß er eine Erklärung, weshalb er nicht von einem Verwandten gestellt ist, und Angaben über die Beziehung des Antragstellers zu derjenigen Person enthalten, auf die sich das Gesuch erstreckt sowie die näheren Umstände darlegen, unter denen der Antrag gestellt ist.

4. Wenn das Aufsichtsamt sich davon überzeugt, daß ein Antrag auf Grund dieser Bestimmung gestellt werden müßte und die Lokalbehörde sich weigert oder verabsäumt, dies zu veranlassen, kann es einen Inspektor oder anderen Beamten mit der Stellung des Antrages beauftragen. Auf diesen Antrag finden die Vorschriften dieses Paragraphen entsprechende Anwendung.

§ 6. 1. Sobald der Antrag und die erforderlichen Urkunden eingereicht sind, hat das Gericht entweder die Person, gegen die der Antrag sich richtet, aufzusuchen oder sie vorzuladen.

2. Die Verhandlung kann nach Ermessen des Gerichts und muß, wenn es die Person, auf die sich der Antrag bezieht, beantragt, unter Ausschluß der Öffentlichkeit erfolgen. In diesem Falle dürfen ohne besondere Erlaubnis des Gerichts nur zugegen sein: der Antragsteller,

der Antragsgegner, seine Eltern oder Vormund, zwei weitere Personen, die entweder der Antragsgegner oder dessen Eltern ausgewählt haben, die Personen, die die ärztlichen Gutachten unterzeichnet und die eine gesetzmäßige Erklärung, welche dem Antrage beigefügt war, abgegeben haben.

3. Wenn das Gericht sich davon überzeugt, daß die Person, gegen die der Antrag sich richtet, geistig minderwertig ist, und wenn es sich ferner davon überzeugt, daß sie unter die Bestimmungen des Gesetzes fällt, kann es diese Person, wenn es dies in ihrem Interesse für wünschenswert hält, durch Beschluß entweder in eine Anstalt überweisen, deren Leiter sich zur Aufnahme bereit erklärt haben, oder ihr eine geeignete Persönlichkeit zum Vormund bestellen. In dem Beschluß müssen die Klasse, zu der die geistig minderwertige Person gehört, und die näheren Umstände dargetan werden, aus denen sich ergibt, daß sie unter dieses Gesetz fällt.

Jedoch:

a) darf der Beschluß, wenn der Antrag nicht von dem Vater oder Vormund gestellt ist, nur mit deren schriftlicher Zustimmung erlassen werden, es sei denn, daß es hinreichend erwiesen ist, daß die Zustimmung ohne Grund verweigert wird oder daß der Vater oder Vormund nicht aufgefunden werden kann; ihre Zustimmung ist nicht als grundlos verweigert anzusehen, wenn sie verweigert ist, in gutem Glauben daran, daß dies für das Wohl des geistig Minderwertigen geschieht;

b) wird der Erlaß des Beschlusses nicht dadurch gehindert, daß die Person, gegen die der Antrag sich richtet, nicht zu derjenigen Klasse geistig Minderwertiger gehört, wie in dem Antrage angegeben ist, wenn nur das Gericht überhaupt die Überzeugung gewinnt, daß sie geistig minderwertig ist.

4. Wenn das Gericht nicht zu der Überzeugung gelangt, daß die Person, gegen die der Antrag sich richtet, geistig minderwertig ist und unter die Bestimmungen dieses Gesetzes fällt, oder daß es in ihrem Interesse wünschenswert ist, dem Antrag stattzugeben, kann es nach seinem Ermessen die Verhandlung auf höchstens 14 Tage vertagen und weitere Beweiserhebungen, insbesondere ärztliche Beobachtung anordnen, oder sie kann den Antrag zurückweisen.

Wird der Antrag nicht zurückgewiesen, so muß eine ärztliche Beobachtung in jedem Falle erfolgen, in welchem dem Antrag eine Bescheinigung beigefügt gewesen war, daß eine ärztliche Untersuchung untunlich sei.

§ 7. 1. Wenn ein geistig Minderwertiger auf Gerichtsbeschluß unter Vormundschaft gestellt worden ist, so kann das Gericht, das diesen Beschluß erlassen hat, oder ein anderes hierfür zuständiges Gericht, oder wenn der Beschluß nicht von einem Gericht erlassen ist, jedes Gericht auf Antrag des Vormundes, des Aufsichtsamts oder

der Lokalbehörde den geistig Minderwertigen in eine Anstalt überweisen, wenn sich überzeugend herausstellt, daß der Fall für eine Vormundschaft sich nicht mehr eignet.

2. Auf Antrag der Lokalverwaltung, des Aufsichtsamts oder eines jeden, der ein Interesse daran hat, kann das Gericht den Vormund jeder Zeit aus dem Amt entlassen und eine andere geeignete Person an seiner Stelle ernennen. Das Gleiche gilt im Falle des Todes des Vormundes oder des Verzichts auf sein Amt.

3. Bevor ein derartiger Beschluß erlassen wird, muß der Lokalverwaltung und wenn angängig den Verwandten oder anderen Personen, die den Antrag gestellt haben, sowie dem Vater oder Vormund des Minderwertigen Gelegenheit zur Äußerung gegeben werden.

§ 8. 1. Im Falle der Aburteilung durch ein Strafgericht wegen einer strafbaren Handlung, die bei Erwachsenen mit Zuchthaus oder Gefängnis zu bestrafen ist, oder auf die hin ein Kind auf Grund des § 48 des Children Act 1908 (8 Edw. 7 c. 57) in eine Erziehungsanstalt untergebracht werden kann, kann das Strafgericht, wenn es auf Grund des ärztlichen Gutachtens den Täter für geistig minderwertig hält, entweder

a) den Erlaß des Urteils oder des Beschlusses auf Anordnung der Unterbringung in eine Erziehungsanstalt aussetzen und die Anweisung erteilen, daß ein Antrag auf Unterbringung in eine Anstalt oder Stellung unter Vormundschaft bei dem nach diesem Gesetz zuständigen Gericht gestellt wird; oder

b) anstatt ein Urteil oder einen Überweisungsbeschluß in eine Erziehungsanstalt zu erlassen, selbst einen Fürsorgebeschluß erlassen, wie ihn das nach diesem Gesetz zuständige Gericht erlassen haben würde, wenn ein entsprechender Antrag gestellt wäre. Dieser Fürsorgebeschluß hat dieselbe Wirkung, als wenn er von dem nach diesem Gesetz zuständigen Gericht auf Antrag erlassen wäre.

Ist jedoch das Strafgericht ein Untergericht („court of summary jurisdiction") und für die Straftat zuständig, dann kann es, wenn die Anklagetatsachen bewiesen sind, ohne das Strafverfahren fortzusetzen, dieselbe vorerwähnte Anweisung oder selbst einen Fürsorgebeschluß erlassen. In einem derartigen Fall ist der geistig Minderwertige mit Bezug auf dieses Gesetz als eine einer strafbaren Handlung für schuldig befundene Person anzusehen.

2. Das Strafgericht kann seine Beschlüsse entweder auf Grund der Beweisaufnahme in der Hauptverhandlung oder auf Grund sonstiger Verhandlungen erlassen. Es kann auch eine weitere Beweisaufnahme zu diesem Zweck, insbesondere ärztliche Begutachtung anordnen.

3. Wenn das Strafgericht die Anweisung erteilt, daß ein Antrag auf Fürsorge gegen eine Person gestellt wird, kann es zugleich anordnen, daß diese in eine Anstalt für geistig Minderwertige oder

einen Zufluchtsort („place of safety“) bis zur Verhandlung und Entscheidung über den Antrag gebracht wird.

4. Wenn ein Untergericht einen Beschuldigten, gegen den die Voruntersuchung schwebt oder der dem Schwurgericht zur Aburteilung überwiesen ist, für geistig minderwertig hält, kann es ihn während des schwebenden Verfahrens in eine Anstalt für geistig Minderwertige oder unter Vormundschaft bringen. Der Vormund haftet als Bürge für sein Erscheinen.

5. Wenn die Polizeibehörde den einer Straftat Beschuldigten für geistig minderwertig hält, hat sie sich mit der Lokalverwaltung in Verbindung zu setzen. Die Polizeibehörde ist ferner verpflichtet, die erforderlichen Beweismittel über den Geisteszustand des Beschuldigten vor das Strafgericht zu schaffen.

Jedoch muß die Polizeibehörde, wenn sie derartiges vor hat, dem Beschuldigten sowie seinem Vater oder Vormund, sofern diese bekannt sind, hiervon Nachricht geben.

§ 9. Wenn der Staatssekretär auf Grund der Bescheinigung zweier Ärzte die Überzeugung erlangt, daß ein geistig Minderwertiger sich im Gefängnis (ausgenommen Gefängnishaft im Zivilprozeßverfahren) oder Zuchthaus, Jugendgewahrsam, einer Erziehungs-, Besserungs- oder Trinkerbesserungsanstalt oder einer Anstalt für verbrecherische Geisteskranke befindet, kann er seine Überführung in eine Anstalt für geistig Minderwertige, deren Anstaltsleiter zur Aufnahme sich bereit erklärt haben, oder seine Stellung unter Vormundschaft anordnen, Derartige Anordnungen haben die gleiche Wirkung wie die auf Grund dieses Gesetzes auf Antrag erlassenen Gerichtsbeschlüsse.

Wirkung und Dauer der Anordnungsbeschlüsse usw.

§ 10. 1. Der Beschluß, durch den ein geistig Minderwertiger in eine Anstalt überwiesen wird, ermächtigt zur jederzeitigen Überführung und Aufnahme dieser Person in der im Beschluß genannten Anstalt innerhalb von 14 Tagen (oder wenn die Person in einem Zufluchtsort untergebracht ist, innerhalb von 21 Tagen) nach Erlaß des Beschlusses. Der Beschluß ermächtigt und verpflichtet zugleich zur Verwahrung dieser Person bis zu dem später erwähnten Zeitpunkt.

2. Durch den Beschluß auf Anordnung der Vormundschaft über einen geistig Minderwertigen, deren Handhabung im Einzelnen durch Verordnungen des Staatssekretärs geregelt wird, werden auch den in dem Beschluß als Vormund genannten Personen dieselben Rechte übertragen, die der Vater eines Minderjährigen unter 14 Jahren ausüben kann. Der Vormund hat ferner das Recht, andere Personen davor zu warnen, daß sie seinem Mündel berauschende Mittel verabreichen.

§ 11. 1. Ein auf Grund dieses Gesetzes erlassener Beschluß, daß ein geistig Minderwertiger in eine Anstalt oder Vormundschaft gebracht wird, verliert seine Wirkung nach Ablauf eines Jahres vom Tage der Verkündung.

Jedoch kann das Aufsichtsamt anordnen, daß, abgesehen von den nachher erwähnten Verlängerungsfristen, der Beschluß erst 1/4 Jahr nach Ablauf des Tages kraftlos wird, an dem er nach dem vorigen Absatz seine Wirkung verlieren würde.

2. Ein Fürsorgebeschluß, dessen Wirkung nach Abs. 1 erlöschen würde, soll ein ferneres Jahr und dann weiter von 5 zu 5 Jahren in Kraft bleiben, wenn das Aufsichtsamt nach Ablauf eines jeden Jahres bezw. von 5 Jahren durch Beschluß feststellt, daß die Verlängerung des Anordnungsbeschlusses im Interesse des geistig Minderwertigen liegt. Diese Feststellung erfolgt nach Einholung besonderer später erwähnter Berichte und Bescheinungen sowie eines ärztlichen Attestes, das auf Verlangen des Minderwertigen, seines Vaters oder Vormunds, Verwandten oder Freundes auf Grund ärztlicher Beobachtung auszustellen ist und das sich zugleich über die Art und Weise der Unterbringung im Falle der Entlassung der Fürsorge auszusprechen hat.

Hat der in einer Anstalt oder unter Vormundschaft gebrachte Minderwertige zur Zeit seiner Unterbringung das 21. Lebensjahr nicht vollendet, so haben vor Erlaß des Verlängerungsbeschlusses die auf Grund dieses Gesetzes bestellten Revisoren („visitors“) bis zum Ablauf von 3 Monaten nach Erreichung seines 21. Lebensjahres ein Gutachten über ihn abzugeben.

3. Zur Erstattung dieses Gutachtens haben die Revisoren den Minderwertigen aufzusuchen oder vorzuladen und Erhebungen über seinen Geisteszustand und die Art und Weise seiner Unterbringung im Falle der Entlassung aus der Fürsorge sowie über alle näheren Umstände des Falls anzustellen. Gelangen sie zu der Überzeugung, daß die weitere Unterbringung in eine Anstalt oder Vormundschaft nicht mehr im Interesse des Minderwertigen selbst erforderlich ist, so haben sie seine Entlassung anzuordnen.

Ordnen die Revisoren nicht die Entlassung an, so können der Minderwertige, sein Vater oder Vormund innerhalb 14 Tagen nach Zustellung der Entscheidung der Revisoren Berufung beim Aufsichtsamt einlegen. Der Inhalt der vorerwähnten besonderen Berichte ist folgender:

a) Die Revisoren haben einen besonderen Bericht innerhalb eines Monats nach der Beobachtung des Minderwertigen zwecks Feststellung seines Geisteszustandes und der Art und Weise seiner Unterbringung nach der Entlassung aus der Fürsorge zu erstatten und darin anzugeben, ob der Minderwertige nach ihrer Meinung noch weiterhin in seinem eigenen Interesse in einer Anstalt oder unter Vormundschaft zu bleiben hat.

b) Ein besonderer Bericht über den körperlichen und Geisteszustand ist im Falle der Unterbringung in eine Anstalt durch den Anstaltsarzt, in anderen Fällen durch einen Arzt zu erstatten. Dem Bericht muß eine Bescheinigung darüber beigefügt sein, daß der Minderwertige in seinem eigenen Interesse weiterhin in einer Anstalt oder unter Vormundschaft zu bleiben hat. Die Ärzte haben ferner dem Aufsichtsamt auf Verlangen weiterer Auskunft über den Minderwertigen, auf den sich der besondere Bericht bezieht, zu erteilen.

5. Eine vom Staatssekretär unterzeichnete, an das Aufsichtsamt gegebene Bescheinigung, daß ein Anordnungsbeschluß bis zu dem darin genannten Tage verlängert ist, muß als Beweis dieser Tatsache angesehen werden.

§ 12. 1. Wenn ein Minderwertiger auf Antrag seines Vaters oder Vormunds in eine Anstalt oder unter Vormundschaft gebracht worden ist, haben die Eltern das Recht, ihn jederzeit auf Grund eines schriftlichen Antrags an das Aufsichtsamt zur Entlassung zu bringen, es sei denn, daß das Aufsichtsamt nach der Feststellung über die Art und Weise der Unterbringung des Minderwertigen im Falle seiner Entlassung innerhalb von 14 Tagen nach Eingang des Antrags entscheidet, daß eine weitere Unterbringung in eine Anstalt oder Stellung unter Vormundschaft im Interesse des Minderwertigen erforderlich ist. Wenn das Aufsichtsamt derart entschieden hat, darf ein neuer Antrag durch den Vater oder Vormund erst nach Ablauf von 6 Monaten nach Eingang des früheren Antrages gestellt werden.

2. Unter Anwendung des Abs. 1 dieser Bestimmung kann ein Minderwertiger, der durch seinen Vater oder Vormund in eine Anstalt oder unter Vormundschaft gebracht ist, in der Anstalt oder der Vormundschaft behalten werden. In solchem Falle ist er in den gleichen Zwischenräumen durch das Aufsichtsamt und die Revisoren zu begutachten, als wenn er auf Gerichtsbeschluß in die Anstalt oder unter Vormundschaft gebracht worden wäre. Die Bestimmungen des § 11 finden auf ihn entsprechende Anwendung.

3. Die Leiter einer genehmigten Anstalt oder eines genehmigten Hauses oder eines zugelassenen Heims („home“) können jeden Minderwertigen, der durch seinen Vater oder Vormund dort untergebracht ist, entlassen. Sie haben aber einen Monat vorher dem Aufsichtsamt und dem Vater oder Vormund, wenn diese bekannt sind, Anzeige hiervon zu erstatten.

Anhang.

§ 13. 1. Wenn ein Beschluß, daß ein Minderwertiger in eine Anstalt oder unter Vormundschaft gebracht werden soll, auf Grund dieses Gesetzes erlassen ist, kann das Gericht, das diesen Beschluß erlassen hat, oder ein anderes hierfür zuständiges Gericht, oder wenn der Beschluß nicht von einem Gericht erlassen ist, jedes Gericht auf Verlangen des Antragstellers, der Anstaltsleiter oder des Vormundes (je nach Lage des Falls) oder eines durch die Lokalverwaltung dazu ermächtigten Beamten durch Beschluß anordnen, daß der geistig Minderwertige oder ein Unterhaltspflichtiger desselben einen Beitrag zu den Kosten seines Unterhalts in der Anstalt oder während der Vormundschaft zu leisten hat. Jede sich hierauf beziehende Forderung, einschließlich der Kosten für die Überführung in die Anstalt und der Beerdigungskosten für den Fall des Todes in der Anstalt, erscheint unter Berücksichtigung der Zahlungsfähigkeit des Minderwertigen oder seines Unterhaltsverpflichteten begründet.

2. Ein derartiger Beschluß kann auf Antrag der Leiter der Anstalt, in welcher der geistig Minderwertige in dieser Zeit untergebracht ist, des Vormunds oder eines von der Lokalverwaltung ermächtigten Beamten durch Vollstreckung in das Vermögen des Minderwertigen oder seines Unterhaltspflichtigen erzwungen werden. Ist der Beschluß von einem Richter des Grafschaftsgerichts erlassen, so wird er wie ein Urteil des Grafschaftsgerichts, ist er von einem anderen Gericht erlassen, wie ein Zahlungsbefehl eines Untergerichts vollstreckt.

3. Ein entsprechend dieser Bestimmung erlassener Beschluß kann durch das Gericht, das ihn erlassen hat, oder jedes andere Gericht geändert oder widerrufen werden.

4. Wenn ein geistig Minderwertiger durch seinen Vater oder Vormund in eine Anstalt oder unter Vormundschaft gebracht ist, kann der Beitrag zu den Kosten des Unterhalts oder der Vormundschaft, zu dem sich der Vater oder Vormund schriftlich verpflichtet hat, wie eine Forderung im Zivilprozeß vor den Untergerichten verfolgt werden.

§ 14. Zu den Personen, die auf Grund dieses Gesetzes zu dem Unterhalt eines Minderwertigen unter 21 Jahren kraft Gerichtsbeschlusses beizutragen haben, gehört auch der Vater des unehelichen Kindes und nach Ermessen des Gerichts auch eine andere Person, die mit der Mutter Geschlechtsverkehr gepflogen hat. Ist jedoch auf Antrag der Mutter des unehelichen Kindes bereits vorher ein Alimentierungsbeschluß („affiliation order") auf Grund der Bestimmungen über die Unterhaltspflicht unehelicher Kinder erlassen, so hat das Gericht (abgesehen wenn es dies infolge besonderer Umstände des Falls für wünschenswert hält) keinen Beschluß auf Zahlung eines Zuschusses gegen den Vater des unehelichen Kindes zu erlassen. Es kann dann durch Beschluß anordnen, daß die auf Grund des Alimentierungsbeschlusses zu zahlende Summe ganz oder teilweise an die Lokalverwaltung oder eine andere im Beschluß genannte Person für den Unterhalt des geistig Minderwertigen abgeführt wird.

§ 15. 1. Findet ein Beamter der Lokalverwaltung, der dazu ermächtigt ist, oder ein Polizeibeamter jemanden vernachlässigt, verlassen, ohne jegliche Unterhaltsmittel oder in grausamer Behandlung und hat er hinreichenden Grund ihn für geistig minderwertig zu halten, so kann er ihn in einen Zufluchtsort bringen. Dort ist die betreffende Person so lange zu behalten, bis ein diesem Gesetz entsprechender Antrag gestellt werden kann.

2. Wenn ein Richter auf Grund eidlicher Angaben eines Beamten oder einer anderen von der Lokalverwaltung ermächtigten Person es für hinreichend begründet hält, daß ein Minderwertiger innerhalb seines Gerichtsbezirks vernachlässigt oder grausam behandelt wird, kann er einen Haftbefehl ausstellen, in welchem ein darin genannter Polizeibeamter in Begleitung eines Medizinalbeamten der Lokalverwaltung oder eines anderen in dem Haftbefehl benannten Arztes ermächtigt wird, diese Person aufzusuchen. Wird dort gefunden, daß sie vernachlässigt oder grausam behandelt und augenscheinlich geistig minderwertig ist, so kann ihre Festnahme und vorläufige Unterbringung in einem Zufluchtsort erfolgen, bis ein diesem Gesetz entsprechender Antrag gestellt werden kann. Der auf Grund eines solchen Haftbefehls ermächtigte Polizeibeamte darf, wenn es erforderlich ist, auch mit Gewalt jedes Haus, Gebäude oder andere im Haftbefehl genannte Örtlichkeit betreten und die dort gefundene Person fortführen.

3. Wenn der Ort, an dem die Person zunächst untergebracht wird, ein Armenhaus ist, so hat dessen Vorsteher sie aufzunehmen, falls geeignete Unterkunft vorhanden ist. Die hierdurch entstehenden Kosten hat die Lokalverwaltung zu tragen. Sie kann sie aber, wenn ein Beschluß auf Anordnung der Fürsorge erlassen wird, von dem geistig Minderwertigen oder seinem Unterhaltspflichtigen als einen Teil der Ausgaben für seinen Unterhalt zurückfordern.

§ 16. 1. Wenn der Geisteszustand einer Person, die in einer Anstalt für geistig Minderwertige untergebracht ist, derart ist oder wird, daß sie in eine Irrenanstalt überführt werden muß, hat das Aufsichtsamt oder die Anstaltsleiter mit Zustimmung des Aufsichtsamts die erforderlichen Schritte zur Erlangung eines Aufnahmebeschlusses in eine Irrenanstalt gemäß den Irrengesetzen aus den Jahren 1890—1911 zu veranlassen. Ist jedoch die betreffende Person durch ihren Vater oder Vormund in die Anstalt gebracht worden, so darf das Aufsichtsamt oder die Anstaltsleiter je nach Lage des Falls dies nicht eher veranlassen, als bis sie dem Vater oder Vormund tunlichst Gelegenheit gegeben haben, diese Schritte selbst zu ergreifen.

2. Ist der Geisteszustand einer in einer Irrenanstalt befindlichen Person derart, daß sie in eine Anstalt für geistig Minderwertige überführt werden muß, hat das Aufsichtsamt oder die Leiter der Irrenanstalt mit dessen Zustimmung die erforderlichen Schritte zur Herbeiführung eines Gerichtsbeschlusses zu veranlassen, kraft dessen die Person in eine Anstalt für geistig Minderwertige nach den Bestimmungen dieses Gesetzes untergebracht wird.

3. Das Aufsichtsamt kann zur Durchführung dieser Bestimmungen Ausführungsverordnungen mit Genehmigung des Staatssekretärs erlassen.

§ 17. 1. Die Gerichte oder der Staatssekretär haben zwecks Auswahl der Anstalt, in welche ein geistig Minderwertiger auf Grund eines Beschlusses untergebracht werden soll, das Religionsbekenntnis des geistig Minderwertigen zu erforschen. Der Beschluß soll tunlichst die Religion angeben, zu der der Minderwertige gehört, und es soll tunlichst eine Anstalt ausgewählt werden, die in einem seinem Religionsbekenntnis entsprechenden Sinne geleitet wird.

2. Ein Geistlicher des Bekenntnisses, welches in den Beschluß als das des geistig Minderwertigen angegeben ist, darf den Minderwertigen in der Anstalt zu bestimmten Zeiten und unter bestimmten Bedingungen, die vom Aufsichtsamt festzusetzen sind, aufsuchen, um ihm religiösen Beistand zu leisten und ihn in den Grundsätzen seiner Religion zu unterweisen.

3. Wenn ein geistig Minderwertiger in einer Anstalt untergebracht ist, die nicht in einem seinem Religionsbekenntnis entsprechenden Sinne geleitet wird, kann er nicht gezwungen werden, an religiösen Unterweisungen und Handlungen teilzunehmen, die nicht seinem Glaubensbekenntnis entsprechen; doch ist ihm tunlichst die Möglichkeit zu verschaffen, an religiöser Unterweisung und an Gottesdiensten teilzunehmen, die seinem Religionsbekenntnis entsprechen.

4. Wenn auf Grund eines Beschlusses ein geistig Minderwertiger in eine Anstalt untergebracht ist, die nicht in einem seinem Religionsbekenntnis entsprechenden Sinne geleitet wird, kann der nächste erwachsene Angehörige, oder wenn es sich um ein Kind handelt, sein Vormund oder gesetzlicher Vertreter beim Aufsichtsamt beantragen, ihn in eine seinem Religionsbekenntnis entsprechend geleitete Anstalt zu überführen oder unterzubringen, und das Aufsichtsamt hat nach Prüfung des Religionsbekenntnisses des Minderwertigen diesem Antrage zu genügen. Der Antragsteller hat jedoch dem Aufsichtsamt den Nachweis zu erbringen, daß der Leiter der von ihm genannten Anstalt zur Aufnahme des geistig Minderwertigen bereit und die Anstalt für ihn geeignet ist.

§ 18. Der nächste Angehörige oder der Vormund eines in einer Anstalt oder unter Vormundschaft befindlichen geistig Minderwertigen ist berechtigt, den Minderwertigen zu bestimmten Zeiten und innerhalb bestimmter Zeitabschnitte (die 6 Monate nicht überschreiten dürfen) und unter bestimmten vorzuschreibenden Bedingungen aufzusuchen. Jedoch brauchen diese Personen mit Rücksicht auf ihren Charakter und ihr Vorleben nicht zugelassen werden, wenn das Aufsichtsamt einen derartigen Besuch im Interesse des Minderwertigen für nachteilig hält.

§ 19. 1. Als Gericht („judicial authority“) im Sinne dieses Gesetzes ist jeder Richter eines Grafschaftsgerichts, eines Polizei- oder

Friedensgerichts oder ein besonders auf Grund der Irrengesetze aus den Jahren 1890—1911 dazu ernannter Richter anzusehen. Die Anzahl der nach den Irrengesetzen ernannten Richter soll so groß sein, als notwendig ist, um zugleich die Geschäfte zu erledigen, die ein „Gericht" auf Grund dieses Gesetzes und der Irrengesetze zu erfüllen hat.

2. Jedes Gericht hat bei der Ausübung der Gerichtsbarkeit mit Bezug auf dieses Gesetz dieselbe Amtsbefugnis bei Ladungen, Zeugenvernehmungen, Abnahme von Eiden und Auferlegung der Kosten sowie andere Maßnahmen, wie wenn es in Ausübung der ordentlichen Gerichtsbarkeit tätig wäre; auch ist es dabei auf Verlangen von denselben Beamten zu unterstützen, wie im ordentlichen Verfahren und deren Hilfeleistung ist auf Grund dieses Gesetzes bei Festsetzung ihres Gehalts zu berücksichtigen.

§ 20. Der Staatssekretär kann Verordnungen erlassen mit Bezug auf:

a) das Verfahren auf Antrag nach diesem Gesetz;
b) das Verfahren in bezug auf Anträge zwecks Änderung oder Widerruf früherer erlassener Gerichtsbeschlüsse;
c) das Verfahren in bezug auf Anträge zwecks Herbeiführung von Beschlüssen, die den Zuschuß zum Unterhalt einer Person in einer Anstalt oder in Vormundschaft festsetzen sollen;
d) das Verfahren in bezug auf die Gutachten der Revisoren in Fällen von geistig Minderwertigen bis zur Erreichung ihres 21. Lebensjahrs und in bezug auf die Berufung an das Aufsichtsamt gegen die Anordnung der Revisoren.
e) die Form der Anträge, der gesetzmäßigen Erklärungen, Bescheinungen, Beschlüsse und anderer Urkunden, die nach Teil I dieses Gesetzes erlassen werden können.

Teil II.

Zentral- und Lokalbehörden.

Zentralbehörden.

§ 21. Die allgemeine Oberaufsicht zum Zwecke der Überwachung, des Schutzes und der Kontrolle der geistig Minderwertigen wird durch das Aufsichtsamt („Board of Control") ausgeübt.

Jedoch werden dadurch, falls es nicht ausdrücklich in diesem Gesetz ausgesprochen ist, die Befugnisse nicht berührt, die dem Lordkanzler, den Mitgliedern der Irrenverwaltung („Commissioners in Lunacy"), dem Richter oder den Masters in Lunacy, den Revisoren, dem Gericht, der Lokalverwaltung oder anderen Personen auf Grund der Irrengesetze aus dem Jahre 1890—1911 oder auf Grund anderer Bestimmungen gegenüber Geisteskranken zusteht.

§ 22. 1. Das zu errichtende Aufsichtsamt setzt sich zusammen aus höchstens 15 Mitgliedern („Commissioners"), von denen nicht mehr als 12 besoldet sein dürfen. Vier dieser besoldeten Personen müssen juristische Mitglieder sein (d. h. Barrister oder Sollicitors mit einem Dienstalter von wenigstens 5 Jahren). Weitere 4 Personen müssen medizinische Mitglieder sein (d. h. Ärzte mit wenigstens 5jähriger Praxis) und wenigstens ein besoldetes und ein unbesoldetes Mitglied muß eine Frau sein.

2. Die Mitglieder des Aufsichtsamts werden vom König, und zwar die juristischen auf Vorschlag des Lordkanzlers, die anderen Mitglieder auf Vorschlag des Staatssekretärs ernannt. Bei diesen Vorschlägen soll Rücksicht darauf genommen werden, daß sich unter den Mitgliedern Personen befinden, die besonders befähigt sind, unter den fremdsprachigen Bewohnern von Wales Ermittlungen anzustellen,

3. Ein Mitglied des Aufsichtsamts wird vom Staatssekretär zum Präsidenten ernannt.

4. Das Aufsichtsamt wird als eine öffentliche Korporation mit dem Namen „the Board of Control" errichtet und mit einem öffentlichen Siegel und der Berechtigung ausgestattet, Grundstücke zwecks Ausübung seiner Rechte und Pflichten zu erwerben.

5. Auf Anordnung des Staatssekretärs hat das Aufsichtsamt einen Verwaltungsrat („administrative committee") zu ernennen, der die auf die Verwaltung sich beziehenden Rechte und Pflichten des Aufsichtsamts nach Maßgabe des Anhangs zu diesem Gesetz hat.

6. Jede auf Grund dieses Gesetzes erforderliche Amtshandlung des Aufsichtsamts oder seiner Mitglieder kann nach Maßgabe einer allgemeinen oder besonderen Verordnung des Staatssekretärs von einem oder mehreren Mitgliedern vorgenommen werden.

7. Der Präsident und höchstens weitere 11 vom Staatssekretär mit Bewilligung des Schatzamts bestimmte Mitglieder erhalten Gehalt oder eine andere Vergütung, die ebenfalls der Staatssekretär mit der gleichen Bewilligung festsetzt. Der Präsident darf jedoch nicht mehr als 1800 Pfund, die Mitglieder nicht mehr als 1500 Pfund jährlich erhalten. Die Gehälter können nach Anordnung des Staatssekretärs mit Bewilligung des Schatzamts mit einem niedrigeren Satze beginnen.

8. Der Präsident und die besoldeten Mitglieder werden auf unbestimmte Zeit, die unbesoldeten Mitglieder auf eine vom Staatssekretär festzusetzende Zeit ernannt.

9. Mit Inkrafttreten dieses Gesetzes werden die zu dieser Zeit im Amte befindlichen besoldeten Mitglieder der Irrenverwaltung („Commissioners in Lunacy") besoldete Mitglieder des Aufsichtsamts und behalten ungeachtet der Bestimmungen dieses Paragraphen ihre bisherige Stellung und ihr bisheriges Gehalt bei.

§ 23. 1. Dem Aufsichtsamt werden zur Unterstützung in der Erfüllung seiner Aufgaben ein Sekretär sowie Inspektoren und andere Beamte und Bedienstete in der Anzahl unterstellt, wie es der Staatssekretär mit Genehmigung des Schatzamts bestimmt. Als Inspektoren, Beamte und Bedienstete sind weibliche und männliche Personen zu verwenden.

2. Der Sekretär, die Inspektoren, die Beamten und Bediensteten werden vom Aufsichtsamt mit Genehmigung des Staatssekretärs ernannt.

3. Der Sekretär, die Inspektoren, die Beamten und Bediensteten erhalten Gehalt oder Vergütung, deren Höhe der Staatssekretär mit Zustimmung des Schatzamts festsetzt.

§ 24. 1. Als Mitglied, als Inspektor, Sekretär, Beamter oder Bediensteter des Aufsichtsamts ist ungeeignet, wer unmittelbar oder mittelbar an einer genehmigten Anstalt, einem genehmigten Haus oder Heim oder einem nach den Irrengesetzen aus den Jahren 1890 bis 1911 genehmigten Hause beteiligt ist. Die Mitglieder, Inspektoren, Sekretäre oder Beamten, die in dieser Weise interessiert sind, müssen aus ihrem Amte entlassen werden.

2. Wer ein im vorigen Absatz bezeichnetes Amt inne hat, obwohl er nach dieser Vorschrift dazu ungeeignet ist, macht sich eines Vergehens schuldig.

§ 25. 1. Der Staatssekretär hat Anordnungen zu erlassen über:

a) Allgemeine Überwachung, Schutz und Kontrolle der geistig Minderwertigen;
b) Überwachung der Lokalverwaltungen in bezug auf ihre ihnen nach diesem Gesetz zustehenden Rechte und Pflichten;
c) Genehmigung, Überwachung und Inspektion der Anstalten, Häuser und Heime für geistig Minderwertige sowie über alle Einrichtungen für die Obhut, Erziehung und Kontrolle der geistig Minderwertigen;
d) die Kontrolle der geistig Minderwertigen durch einen oder mehrere Mitglieder des Aufsichtsrats, dessen Inspektoren in Anstalten, genehmigten Häusern oder Heimen, in Vormundschaft oder (wenn dies ausdrücklich bescheinigt ist) an sonstigen Orten sowie die Kontrolle der geistig Minderwertigen, die der Sorge einer bestimmten Person anvertraut sind;
e) Schaffung und Unterhaltung von Anstalten für geistig Minderwertige mit gefährlichen oder gewalttätigen Neigungen;
f) die notwendigen Maßnahmen, um eine geeignete Behandlung der geistig Minderwertigen zu sichern;
g) die Abfassung jährlicher Berichte (die dem Parlament vorzulegen sind) und besonderer Berichte, die dem Staatssekretär auf Verlangen von Zeit zu Zeit vorzulegen sind;
h) die Verwaltung der vom Parlament auf Grund dieses Gesetzes bewilligten Gelder.

2. Ungeachtet irgend welcher Vorschriften, die der Staatssekretär in bezug auf weitere und häufigere Inspektionen und Revisionen erläßt, ist das Aufsichtsamt verpflichtet, durch eins oder mehrere seiner Mitglieder jede genehmigte Anstalt, jedes genehmigte Haus und zugelassene Heim wenigstens einmal im Jahr, ferner durch die

Mitglieder oder die Inspektoren noch ein weiteres Mal sowie jeden geistig Minderwertigen unter Vormundschaft wenigstens zweimal im Jahr revidieren zu lassen. Jedes Mitglied des Aufsichtsamts hat das Recht, zu jeder Zeit eine in einer genehmigten Anstalt, einem genehmigten Hause oder unter Vormundschaft befindliche Person zu entlassen.

Ist jedoch eine Person in eine Anstalt auf Anordnung des Staatssekretärs aus einem Gefängnis, einer Anstalt für verbrecherische Geisteskranke, einem Jugendgewahrsam, einer Erziehungs-, Besserungs- oder Trinkerbesserungsanstalt in eine derartige Anstalt gebracht worden, so darf dieses Recht zur Entlassung vom Mitgliede des Aufsichtsamts nicht ohne Genehmigung des Staatssekretärs ausgeübt werden, solange die Zeit, für welche der Betreffende zu Gefängnis verurteilt oder seine Unterbringung in eine andere Anstalt angeordnet wurde, noch nicht verstrichen ist.

§ 26. Die Gehälter oder andere Vergütungen der Mitglieder und Beamten des Aufsichtsamts sowie alle weiteren Ausgaben, die durch die Ausführung dieses Gesetzes, dem Staatssekretär oder dem Aufsichtsamt entstehen, sind in einer vom Schatzamt festzusetzenden Summe aus dem vom Parlament hierfür bewilligten Geldern zu entnehmen.

Lokalverwaltungen.

§ 27. Als Lokalverwaltung im Sinne dieses Gesetzes ist innerhalb einer Grafschaft („county“) der Grafschaftsrat („council of county“) und innerhalb eines selbständigen Stadtbezirks der Stadtverwaltungsrat („council of the borough“) anzusehen.

§ 28. 1. In jeder Lokalverwaltung ist ein Komitee einzusetzen, das den Namen Fürsorgekomitee für geistig Minderwertige erhält. Es besteht aus Mitgliedern des Lokalverwaltungsrats in einer von diesem vorgeschriebenen Zahl, aus Mitgliedern der Armenverwaltung, die sich nicht im Lokalverwaltungsrat befinden, sowie aus anderen von der Lokalverwaltung berufenen Personen, die besondere Kenntnisse und Erfahrungen auf dem Gebiete der Fürsorge, Überwachung und Behandlung von geistig Minderwertigen haben; unter diesen Personen muß sich eine Frau befinden. Die Mehrzahl des Komitees muß aus Mitgliedern der Lokalverwaltung bestehen.

Jedoch müssen überall, wo eine Lokalverwaltung ein oder mehrere Revisions- oder Asylkomitees auf Grund der Irrengesetze aus den Jahren 1899—1911 ernannt hat,

a) die Mitglieder dieser Komitees unter Ergänzung von wenigstens 2 Frauen auch als Mitglieder des Fürsorgekomitees für geistig Minderwertige tätig werden,
b) die Mitglieder dieser Komitees zugleich diejenigen Mitglieder des Lokalverwaltungsrats sein, die zu Mitgliedern des Fürsorgekomitees für geistig Minderwertige ernannt worden sind.

2. Alle durch die Lokalverwaltung auf Grund dieses Gesetzes zu erledigenden Angelegenheiten (ausgenommen die Befugnis Steuern zu erheben oder Anleihen aufzunehmen) müssen dem Fürsorgekomitee für geistig Minderwertige vorgetragen werden und die Lokalverwaltung hat mit Ausnahme dringender Fälle, bevor sie irgend eine ihr übertragene Maßnahme trifft, den Bericht des Komitees mit bezug auf die betreffende Angelegenheit einzuholen und in Erwägung zu ziehen. Die Lokalverwaltung kann auch auf das Komitee mit oder ohne irgend welche Einschränkung nach ihrem Belieben die ihr nach diesem Gesetz zustehenden Machtbefugnisse übertragen mit Ausnahme des Rechts, Steuern zu erheben oder Anleihen aufzunehmen.

3. Wer als Geschäftsinhaber oder als Teilhaber eines geschäftlichen Unternehmens zum Mitgliede des Lokalverwaltungsrats untauglich ist, eignet sich auch nicht als Mitglied des Fürsorgekomitees für geistig Minderwertige. Hierunter fallen jedoch nicht Personen, die eine von dem Lokalverwaltungsrat unterstützte oder unterhaltene Schule leiten.

§ 29. 1. Wenn der Staatssekretär auf Grund eines an ihn gerichteten Gesuchs der Ansicht ist, daß sich zwei oder mehrere Lokalverwaltungen zum Zwecke der Ausübung und Erfüllung ihrer Befugnisse und Pflichten auf Grund dieses Gesetzes vereinigen sollten, so kann er mit Zustimmung des Ministeriums für die Lokalverwaltungen („Local Government Board“) soweit er es für notwendig und zweckmäßig hält, die Bildung eines vereinigten Komitees oder einer gemeinsamen Verwaltungsstelle oder ähnliches anordnen; diese dienen zur gemeinsamen Ausübung und Erfüllung aller oder einiger den Lokalverwaltungen nach diesem Gesetz übertragenen Befugnisse. Eine jede dieser Anordnungen soll bestimmen, wie und in welcher Höhe und aus welcher Kasse oder von welchen Steuern die Ausgaben, die durch die gemeinsame Ausübung und Erfüllung dieser Befugnisse bestehen, bestritten werden. Diese Anordnungen können ferner solche gelegentlichen, notwendigen und ergänzenden Bestimmungen enthalten, als zur Durchführung erforderlich sind (einschließlich solcher Bestimmungen, welche die Anwendung dieses Gesetzes auf ein in dieser Weise gebildetes gemeinsames Komitee oder eine Verwaltungsstelle aussprechen).

2. Die nach diesem Gesetz zulässige Vereinigung von zwei oder mehr Lokalverwaltungen zum Zwecke gemeinsamer Ausübung und Erfüllung aller oder einiger Befugnisse kann auf Antrag einer oder mehrerer Lokalverwaltungen angeordnet werden. Wenn nicht alle beteiligten Lokalverwaltungen mit dieser Anordnung einverstanden sind, wird sie nur vorläufig getroffen und tritt erst mit Zustimmung des Parlaments in Kraft.

3. Jede dieser Anordnungen ist wirksam für die darin angegebene Zeit, oder, wenn ein Zeitabschnitt nicht angegeben ist, bis sie in gegenseitigem Einverständnis der Lokalverwaltungen mit Ge-

nehmigung des Staatssekretärs aufgehoben wird. Jedoch kann jede dieser Anordnungen durch eine andere auf Grund derselben Anträge und derselben Bestimmungen wie die ursprüngliche Anordnung widerrufen oder geändert werden.

4. Die §§ 297 und 298 des Public Health Act 1875 (der Vorschriften über vorläufige Anordnungen des Ministeriums für die Lokalverwaltungen enthält) finden auf dieses Gesetz entsprechende Anwendung, gleich als wenn sie hier in entsprechender Weise wieder verordnet wären.

§ 30. Die Lokalverwaltung wird ermächtigt und verpflichtet, unter Zugrundelegung der Bestimmungen dieses Gesetzes und der Verordnungen des Staatssekretärs:

a) festzustellen, welche Personen innerhalb ihres Bezirks als geistig minderwertig nach diesem Gesetz zu behandeln sind, mit Ausnahme der unter § 2 Abs. 1a fallenden Personen;

b) Vorkehrungen für eine geeignete Überwachung dieser Personen zu treffen, oder wenn die Überwachung unzureichenden Schutz gewährt, Sicherungsmaßnahmen zu ergreifen, damit diese Personen in eine Anstalt oder unter Vormundschaft nach diesem Gesetz gebracht werden;

c) geeignete und hinreichende Vorkehrungen für diese Personen zu treffen, wenn sie in genehmigte Anstalten auf Grund von Beschlüssen nach diesem Gesetz gesandt werden, sowie für ihren Unterhalt und ihre Überführung in die Anstalten und aus denselben zu sorgen;

d) Maßnahmen für die Vormundschaft der Personen zu treffen, die unter Vormundschaft auf Grund von Beschlüssen nach Maßgabe dieses Gesetzes gestellt worden sind;

e) in einer anderweitigen als der bisher erwähnten Weise den Unterhalt in einer genehmigten Anstalt oder einem zugelassenen Heim oder den Zuschuß zu den Ausgaben des Unterhalts in einer Anstalt, einem zugelassenen Heim oder in Vormundschaft zu regeln;

f) nach freiem Ermessen für die Beerdigung der in einer Anstalt oder unter Vormundschaft gestorbenen Person Sorge zu tragen;

g) eine hinreichende Zahl von Beamten und anderen Personen zur Unterstützung bei der Ausführung ihrer Pflichten auf Grund dieses Gesetzes anzustellen und zu beschäftigen;

h) dem Aufsichtsamt jährlich Berichte und andere gewünschte Auskünfte zu erstatten.

Jedoch:

aa) darf dieses Gesetz nicht dahin ausgelegt werden, daß die Lokalverwaltungen ihre Pflichten gemäß b, c, d, g auch dann noch zu erfüllen haben, wenn der vom Parlament bewilligte Staatszuschuß gegenüber ihren eigenen Ausgaben weniger als die Hälfte der Nettosumme dieser Ausgaben beträgt;

bb) werden durch dieses Gesetz weder die Befugnisse und Pflichten der Armenverwaltungen nach den Armenunterstützungsgesetzen, soweit diese auf geistig Minderwertige zur Anwendung kommen, berührt, noch die Rechte der Armenverwaltung für einen geistig Minderwertigen, der in einer Anstalt untergebracht ist oder werden soll, dieselbe Unterstützung zu empfangen, welche sie erhalten haben würden, wenn der Idiots Act 1886 nicht aufgehoben worden wäre. Die Lokalverwaltungen haben ferner keinerlei Verpflichtungen gegenüber geistig Minderwertigen, für die bereits durch die vorerwähnten Behörden gesorgt ist, es sei denn, daß dies durch Verordnungen des Staatssekretärs mit Zustimmung des Ministeriums für die Lokalverwaltungen vorgeschrieben wird;

cc) bleiben die Rechte und Pflichten der Lokalverwaltungen nach den Irrengesetzen aus den Jahren 1890—1911 in bezug auf die geistig Minderwertigen, auf welche jene Gesetze anzuwenden sind, unberührt. Auch haben die Lokalverwaltungen auf Grund dieses Gesetzes keinerlei Verpflichtungen und Befugnisse gegenüber Minderwertigen, für die zu der Zeit von den Behörden in der erwähnten Weise gesorgt wird oder gesorgt werden soll, es sei denn, daß dies durch Verordnung des Staatssekretärs mit Zustimmung des Lordkanzlers vorgeschrieben wird;

dd) die Pflichten und Befugnisse der lokalen Unterrichtsverwaltungen auf Grund der Unterrichtsgesetze bleiben unberührt; es ist Aufgabe der lokalen Unterrichtsverwaltung — und nicht der Lokalverwaltung — die geistig minderwertigen Kinder zwischen 7 und 16 Jahren (in diesem Gesetz als „geistig minderwertige Kinder“ bezeichnet) festzustellen. Die Lokalverwaltungen haben erst dann gegen geistig minderwertige Kinder etwas zu veranlassen, wenn ihnen deren Namen und Adressen auf Grund der Bestimmungen dieses Gesetzes von den lokalen Unterrichtsverwaltungen angezeigt werden.

§ 31. 1. Es ist Pflicht der lokalen Unterrichtsverwaltung, mit Genehmigung des Unterrichtsministeriums folgende Maßnahmen zu treffen:

a) festzustellen, welche Kinder in ihrem Bezirk geistig minderwertig im Sinne dieses Gesetzes sind;

b) festzustellen, welche von diesen Kindern auf Grund ihres geistigen Defekts unfähig sind, Nutzen oder weiteren Nutzen aus dem Unterricht in Hilfsschulen oder Hilfsklassen zu haben;

c) der Lokalverwaltung die Namen und Adressen der geistig minderwertigen Kinder zu nennen, die ihr pflichtgemäß nach den vorerwähnten Bestimmungen anzuzeigen sind.

Wenn es zweifelhaft ist, ob ein Kind fähig oder unfähig ist, den vorerwähnten Nutzen zu haben, oder ob sein Verweilen in einer Hilfsschule den anderen Kindern zum Nachteil gereicht, ist die Entscheidung des Unterrichtsministeriums einzuholen.

2. § 1 des Elementary Education (Defective and Epileptic Children) Act 1899 (62 und 63 Vict. c. 32) findet auf diesen Paragraphen entsprechende Anwendung.

§ 32. 1. Wenn das Aufsichtsamt dem Staatssekretär berichtet, daß eine Lokalverwaltung sich bei Erfüllung einer ihrer Pflichten Vernachlässigungen hat zuschulden kommen lassen, kann dieser nach einer seinem Ermessen unterliegenden Untersuchung, die ihn überzeugt, daß solche Vernachlässigung vorgekommen ist, die Lokalverwaltung anweisen, diese Pflichtverletzungen zu beseitigen; eine solche Verordnung kann durch „mandamus“ erzwungen werden.

2. Alle Ausgaben, welche durch die Pflichtwidrigkeiten, die Untersuchung und die Anordnungen entstehen, hat die Lokalverwaltung auf Anordnung des Staatssekretärs zu tragen. Sie sind vom Kämmerer oder einem anderen geeigneten Beamten der Lokalverwaltung an den Staatssekretär innerhalb von zwei Monaten nach ergangener Aufforderung zu zahlen und im Nichtzahlungsfalle als eine der Krone zu leistende Schuld beizutreiben.

3. Eine Anordnung des Staatssekretärs ist bindend in bezug auf die festgestellte Pflichtwidrigkeit sowie die Summe der dadurch entstehenden Ausgaben und jede andere darin genannte Regelung. Jedoch wird hierdurch das Recht des Staatssekretärs oder einer anderen Behörde nicht berührt, andere Schritte zu ergreifen, um die Lokalverwaltung zur Erfüllung ihrer Pflichten auf Grund dieses Gesetzes zu veranlassen.

§ 33. 1. Die Ausgaben der Lokalverwaltung auf Grund dieses Gesetzes werden im Falle, daß es sich um einen Grafschaftsrat handelt, aus dem Vermögen der Grafschaft, im Falle, daß es sich um einen selbständigen Stadtgemeinderat handelt, aus dem Vermögen oder den Steuern der Stadtgemeinde bestritten oder, wenn keine Stadtsteuern erhoben werden, aus einer besonderen Steuer, die in gleicher Weise wie die Stadtsteuer veranlagt und erhoben wird.

Jedoch dürfen die Ausgaben, die die Lokalverwaltung in Ausübung ihrer Befugnisse nach diesem Gesetz hat, in keinem Jahr eine Summe übersteigen, die gleich einer Steuereinnahme ist, welche durch Erhebung einer Steuer von einem Penny auf ein Pfund des steuerpflichtigen Vermögens erreicht werden würde.

2. Eine Lokalverwaltung kann aus Anlaß dieses Gesetzes Anleihen aufnehmen, und zwar ein Grafschaftsrat auf Grund des Local Government Act 1888 (51 und 52 Vict. c. 41) und ein Stadtgemeinderat auf Grund der Public Health Acts. An Stelle der Bestimmungen des § 69 des Local Government Act 1888, daß die Anleihe eines Grafschaftsrats in höchstens 30 Jahren zurückzuzahlen ist, tritt aber

die Vorschrift, daß sie in höchstens 60 Jahren zurückzuzahlen ist, und daß die von einem Stadtgemeinderat aufgenommene Anleihe durch das Vermögen oder die Steuern, aus denen die Ausgaben des Gemeinderats auf Grund dieses Gesetzes zu bestreiten sind, gedeckt sein muß.

3. Die nach diesem Gesetz erhobenen Anleihen werden nicht als ein Teil der Totalschuld der Grafschaft nach § 69 des Local Government Act 1888 oder als Teil der Schuld des Gemeinderats zwecks Beschränkung der Anleihungen gemäß § 234 Abs. 2 und 3 des Public Health Act 1875 (38 und 39 Vict. c. 55) angerechnet.

4. Der städtische Gemeinderat hat eine besondere Buchung der durch dieses Gesetz entstehenden Einnahmen und Ausgaben einzurichten.

§ 34. Die Asylverwaltung in Lancashire ist hinsichtlich der Grafschaft Lancashire und der selbständigen Stadtgemeinden, die durch diese Verwaltung vertreten werden, als Lokalverwaltung im Sinne dieses Gesetzes für die Grafschaft und die selbständigen Stadtgemeinden anzusehen, und die Vorschriften des Lancashire County (Lunatic Asylum and other Powers) Act 1891 (54 und 55 Vict. c. XX) finden auf die Ausgaben, die Anleihen, Buchführung und Rechnungslegung an Stelle der hierfür in diesem Gesetz vorgesehenen Vorschriften Anwendung.

Teil III.

Genehmigung und Vorschriften für Anstalten usw.

§ 35. 1. Das Aufsichtsamt kann mit Genehmigung des Staatssekretärs Anstalten für geistig Minderwertige mit gefährlichen oder gewalttätigen Neigungen (in diesem Gesetz „Staatsanstalten" genannt) einrichten und unterhalten. Zu diesem Zweck kann der Staatssekretär veranlassen, daß dem Aufsichtsamt ein unter der Verwaltung der Gefängnisoberaufsichtsbehörde („Prison Commissioner") oder sonstwie unter der Kontrolle des Staatssekretärs stehendes Gebäude ganz oder zum Teil überlassen wird; oder der Staatssekretär kann mit Zustimmung des Schatzamts das Aufsichtsamt auf Grund dieses Gesetzes ermächtigen, Grundstücke zu erwerben oder ein Gebäude zu erwerben oder zu errichten.

2. Das Aufsichtsamt ist in diesem Falle als Leiter der Anstalten anzusehen.

§ 36. Das Aufsichtsamt kann den Leitern der Anstalten, die der Aufnahme, Kontrolle, Aufsicht und Behandlung von geistig Minderwertigen dienen sollen, wenn es die Gebäude und Personen, die die Leitung übernehmen wollen, für geeignet hält, auf Antrag die Genehmigung zur Aufnahme von geistig Minderwertigen erteilen. Eine derartige Genehmigung bleibt für die Zeit, für die sie erteilt ist, oder bis zum Widerruf oder nach Maßgabe dieses Gesetzes in

Kraft. Eine Anstalt, die in dieser Weise eine Genehmigung erhalten hat, wird in diesem Gesetz „genehmigte Anstalt“ genannt.

§ 37. 1. Auf Antrag der Lokalverwaltung, deren Zuständigkeit sich über den Bezirk eines Armenverbandes ganz oder zum Teil erstreckt, kann das Aufsichtsamt mit Einwilligung des Ministeriums für die Lokalverwaltungen Gebäude oder Grundstücke, die von der Armenverwaltung eines Bezirks oder von mehreren Armenverwaltungen für die Unterbringung, Aufsicht und Behandlung geistig Minderwertiger bestimmt sind, wenn sie hierzu besonders geeignet erscheinen, für die Aufnahme geistig Minderwertiger zulassen. Diese so zugelassenen Gebäude werden so angesehen, als wenn sie genehmigte Anstalten und die Armenverwaltungen die Leiter dieser Anstalten wären. Solange derartige Gebäude zugelassen sind, ist es für die Armenverwaltung in ihrer Eigenschaft als Leiter derselben zulässig, unter Zustimmung des Ministeriums für die Lokalverwaltungen mit jeder Lokalbehörde Abmachungen über die Aufnahme und Versorgung von geistig Minderwertigen, die auf Grund dieses Gesetzes in Anstalten eingewiesen werden, zu treffen und demgemäß solche Minderwertigen aufzunehmen.

2. Ein geistig Minderwertiger, der in einem solchen Gebäude untergebracht wird, darf nicht deshalb, weil dieses von der Armenverwaltung unterhalten wird, als eine Person angesehen werden, die Armenunterstützung erhält.

§ 38. 1. Eine Lokalbehörde kann mit Genehmigung des Staatssekretärs:

a) allein oder gemeinsam mit irgendeiner anderen Lokalbehörde genehmigte oder als genehmigt im Sinne dieses Gesetzes anzusehende Anstalten einrichten, erbauen, verändern, vergrößern, wiederaufbauen und leiten oder kann ihrem Ermessen nach ausreichende Geldsummen dazu beisteuern; ebenso kann in gleicher Weise der Kauf von Land für eine genehmigte oder als genehmigt anzusehende Anstalt vorgenommen werden;

b) mit den Leitern einer genehmigten Anstalt Verträge über die Anstaltsaufnahme und Versorgung solcher Personen abschließen, zu deren Aufnahme und Versorgung die Lokalverwaltung auf Grund dieses Gesetzes aufgefordert oder ermächtigt ist.

2. Wenn vom Staatssekretär die Pläne einer beabsichtigten Veränderung, Vergrößerung, Erneuerung oder Erbauung entsprechend den Bestimmungen dieses Paragraphen genehmigt sind, müssen sie ohne irgendwelche Änderungen (ausgenommen, wenn der Staatssekretär diesen zustimmt), ausgeführt werden. Die Gebäude oder Örtlichkeiten, welche von einem Gemeinderat vorgesehen sind, oder zu denen von ihm nach Maßgabe dieser Bestimmung beigesteuert ist, dürfen nicht ohne Genehmigung des Staatssekretärs zu einem anderen Zweck verwandt werden, als zu dem sie zugelassen sind.

3. Zur Ausführung der Bestimmungen dieses Gesetzes darf die Lokalverwaltung Grundstücke erwerben, und zwar der Grafschaftsrat gemäß dem Local Government Act 1888 (51 und 52 Vict. c. 41), der selbständige Stadtgemeinderat gemäß dem Public Health Act.

§ 39. Grundstücke, die unter Verwaltung der Gefängnisoberaufsichtsbehörde, einer Armenverwaltung oder anderen öffentlichen Behörde stehen und nicht mehr für den vorgesehenen Zweck zu verwenden sind, können, wenn das Aufsichtsamt die Grundstücke zur Aufnahme von geistig Minderwertigen für geeignet hält, mit Genehmigung des Staatssekretärs, des Ministeriums für die Lokalverwaltungen oder andere Staatsverwaltungsabteilungen den Lokalverwaltungen zur Benutzung als genehmigte Anstalt vermietet oder sonstwie überlassen werden.

§ 40. 1. Die nach den Irrengesetzen aus den Jahren 1890—1911 zu Revisoren genehmigter Häuser ernannten Personen, zu denen noch eine oder mehrere Frauen hinzuzukommen haben, sind auch als Revisoren der Anstalten für geistig Minderwertige im Sinne dieses Gesetzes anzusehen. Die Zahl der Revisoren von genehmigten Häusern auf Grund der Irrengesetze soll so groß sein, als notwendig erscheint, um auch die Pflichten der Revisoren der Anstalten für geistig Minderwertige zu erfüllen. Bei Festsetzung einer etwaigen Vergütung der Tätigkeit der Revisoren oder ihrer Angestellten sind die ihnen nach diesem Gesetz obliegenden Pflichten mit in Betracht zu ziehen.

2. Überall wo keine Revisoren genehmigter Häuser auf Grund der Irrengesetze ernannt sind, ist eine hinreichende Anzahl von Personen, die die gleichen Eigenschaften wie diese Revisoren haben, sowie eine oder mehrere Frauen in derselben Weise zu Revisoren der Anstalten für geistig Minderwertige zu bestellen; ebenso sind Gehilfen für diese Revisoren in derselben Weise wie nach den Irrengesetzen von 1899—1911 zu ernennen. Die Ausgaben für die so ernannten Revisoren oder deren Gehilfen, einschließlich ihrer etwaigen Vergütung, sind in gleicher Weise wie die Ausgabe für die Revisoren nach den Irrengesetzen aus den Jahren 1899—1911 zu bestreiten.

3. Die Revisoren der Anstalten für geistig Minderwertige haben die nach diesem Gesetz ihnen zustehenden Befugnisse. Weitere Befugnisse in bezug auf den Besuch der Anstalten, der darin befindlichen Patienten und der Minderwertigen unter Vormundschaft sowie in bezug auf die Entlassung der Minderwertigen, die Fürsorge für die Entlassenen u. a. m. können ihnen vom Staatssekretär nach Maßgabe dieses Gesetzes eingeräumt werden.

§ 41. 1. Der Staatssekretär kann Ausführungsverordnungen erlassen, die Folgendes regeln:

a) die Verleihung, Übertragung, Ernennung, Widerruf, Verzicht der Genehmigung von Anstalten;
b) die Leitung der Anstalten;

c) die Einteilung und Behandlung der Patienten in den Anstalten, ihre Unterweisung und geeignete Beschäftigung, die Berichte über die Patienten, insbesondere über ihren Geisteszustand;

d) die Revision der Anstalten, den Besuch der in ihnen befindlichen Patienten durch das Aufsichtsamt, die Inspektoren und andere Personen;

e) die Anzeige von der Aufnahme eines Patienten in eine Anstalt an das Aufsichtsamt;

f) die Überführung eines Patienten von einer genehmigten Anstalt in eine andere, von einer Staatsanstalt in eine genehmigte Anstalt, und in Fällen, die sich für Staatsanstalten nicht eignen, die Überführung von einer genehmigten Anstalt in eine Staatsanstalt;

g) die Entlassung von Patienten aus Anstalten;

h) die vorläufige Entlassung eines Patienten aus einer Anstalt auf Grund Erlaubnisscheins oder vorübergehende Abwesenheit ohne Erlaubnisschein;

i) die Anzeigen, die von den Anstaltsleitern bei Ausbruch ansteckender Krankheiten in einer Anstalt, beim Tode eines Anstaltsinsassen oder eines vorläufig Entlassenen zu machen sind;

j) die Überführung von Personen in und aus den Anstalten;

k) die Beerdigung der in der Anstalt gestorbenen Personen;

l) die Rechte und Pflichten der auf Grund dieses Gesetzes zu Vormündern bestellten Personen; die Berichte dieser Vormünder über ihre geistig minderwertigen Mündel, den Besuch dieser Mündel und die Entlassung aus der Vormundschaft;

m) die Verleihung, Erneuerung und Widerruf der Zulassung von Heimen für geistig Minderwertige;

n) die Ermittlungen und andere notwendige oder geeignete Maßnahmen, um die Bestimmungen dieses Gesetzes in bezug auf Anstalten, deren Insassen, und in bezug auf Vormundschaften auszuführen;

o) die Anwendung der Bestimmungen der Irrengesetze aus den Jahren 1890–1911 und ihre notwendigen Veränderungen und Ergänzungen;

p) das Studium erfolgreicher Methoden in der Behandlung der geistigen Minderwertigkeit.

2. Die Ausführungsbestimmungen haben in bezug auf Anstalten und Patienten die Anwendung der §§ 40–42, 47 und 53 des Lunacy Act 1890 auszusprechen, ohne daß hierdurch irgendwelche Befugnisse des Staatssekretärs, die ihm nach Abs. 1 dieses Paragraphen gewährt sind, eingeschraukt werden.

§ 42. Bei Entweichen eines Patienten aus der Anstalt oder eines mit oder ohne Erlaubnisschein vorläufig Entlassenen kann die Festnahme und Zurückführen in die Anstalt durch jeden Polizeibeamten oder Anstaltsleiter sowie jede von diesen schriftlich ermächtigte Person erfolgen.

§ 43. 1. Für die Unterbringung in eine genehmigte Anstalt oder in Vormundschaft auf Grund eines Beschlusses ist als Lokalbehörde, die für die dazu erforderlichen Maßnahmen verantwortlich ist, der Grafschafts- oder Gemeinderat anzusehen, in dessen Bezirk die betreffende Person sich aufhält (was im Beschluß anzugeben ist). Soll die betreffende Person in eine genehmigte Anstalt untergebracht werden, so ist es Pflicht dieser Behörde, Vorkehrungen für die Überführung, Aufnahme und Unterhaltung in der Anstalt zu treffen.

2. Bevor ein Beschluß, daß eine Person in eine Anstalt oder unter Vormundschaft zu bringen ist, ergeht, ist dem Grafschafts- oder Gemeinderat, der für die Überführung, Aufnahme und Unterhaltung in einer Anstalt oder in Vormundschaft verantwortlich ist, Gelegenheit zur Äußerung zu geben. Wenn der Beschluß vom Staatssekretär erlassen wird, muß dem Grafschafts- oder Gemeinderat Gelegenheit gegeben werden, Vorstellungen dagegen geltend zu machen. Ist durch die verantwortliche Behörde hinreichend Raum zur geeigneten Unterbringung eines geistig Minderwertigen in einer Anstalt vorgesehen, so darf der Minderwertige nicht ohne Einwilligung dieser Behörde in einer anderen Anstalt untergebracht werden.

3. Der Grafschafts- oder Gemeinderat, der gemäß dieser Bestimmung für die Unterhaltung einer Person in einer genehmigten Anstalt verantwortlich ist, bleibt bei seiner Unterbringung in eine andere Anstalt weiterhin dafür verantwortlich; er ist auch für die Überführung zwecks Unterbringung in eine andere Anstalt verantwortlich. Der Grafschafts- oder Gemeinderat, der nach diesem Paragraphen dafür verantwortlich ist, daß eine Person unter Vormundschaft gebracht wird, ist, falls dieser Beschluß in Anstaltsfürsorge umgeändert wird, für die Überführung, Aufnahme und Unterhaltung in der Anstalt verantwortlich.

§ 44. 1. Wenn ein Gerichtsbeschluß auf Anordnung der Fürsorge gegen eine Person erlassen ist, die einer strafbaren Handlung für schuldig befunden wurde, so wird mit Rücksicht auf die Bestimmungen des vorhergehenden Paragraphen vermutet, daß sie an dem Ort gewohnt hat, wo die Straftat begangen ist, oder der als Tatort angenommen wurde, es sei denn, daß sie beweist, daß sie an einem anderen Orte gewohnt hat.

Wenn der Beschluß von einem Schwurgericht oder einem Vierteljahrsgericht („court of quarter sessions“) erlassen ist, haben diese an ein Untergericht, von dem die Person zur Aburteilung an die höheren Gerichte verwiesen ist, den Ort zu übermitteln, welchen sie als dessen Wohnort bestimmt haben.

2. Ist der Beschluß vom Staatssekretär erlassen, so wird:

a) wenn er sich auf eine Person im Gefängnis, Trinkerbesserungsanstalt, Jugendgewahrsam oder einer Anstalt für verbrecherische Geisteskranke bezieht, von dieser Person mit Rücksicht auf die Bestimmungen des vorigen Paragraphen vermutet, daß sie an dem Orte gewohnt hat, an dem die Straftat begangen ist oder der als Tatort anzunehmen ist, es sei denn, daß sie beweist, daß sie an einem anderen Ort gewohnt hat;

b) wenn der Beschluß sich auf eine Person in einer Besserungs- oder Erziehungsanstalt bezieht, diese Person in bezug auf die Bestimmungen des vorigen Paragraphen so angesehen, als wenn sie an dem Orte gewohnt hat, der bei ihrer Überweisung in die Besserungs- oder Erziehungsanstalt als ihr Wohnort angesehen wurde.

3. Wenn ein Grafschafts- oder Gemeinderat sich durch eine Entscheidung in bezug auf den Wohnort einer Person beschwert fühlt, kann er innerhalb von 3 Monaten nach Erlaß des Beschlusses die Entscheidung des zuständigen unteren Kollegialgerichts („petty sessional court“) anrufen, und dieses kann, nach Feststellung, daß die Person, gegen die der Beschluß erlassen war, im Bezirk eines anderen Grafschafts- oder Gemeinderats wohnte, und nachdem es dem anderen Grafschafts- oder Gemeinderat Gelegenheit zur Äußerung gegeben hat, die Verpflichtung auf den anderen Grafschafts- oder Gemeinderat übertragen. Es kann ferner anordnen, daß dieser dem erstgenannten Grafschafts- oder Gemeinderat alle bis dahin entstandenen Kosten für die betreffende Person vergütet. Gegen die Entscheidung dieses Gerichts ist Berufung an das Vierteljahresgericht zulässig. Solange die Verpflichtung eines anderen Grafschafts- oder Gemeinderats nicht rechtskräftig festgestellt ist, bleibt die des ersterwähnten Grafschafts- oder Gemeinderats bestehen.

4. Wenn zweifelhaft ist, wo eine Person ihren Wohnort hat, gilt als „Wohnort“ („place of residence“) im Sinne dieser Bestimmung die Grafschaft oder der selbständige Stadtgemeindebezirk, in welchem die Person, wenn sie arm wäre, ihren Unterstützungswohnsitz im Sinne der Bestimmungen des Armenunterstützungsrechts hat.

5. Die Berechtigung des Lordkanzlers, Verordnungen gemäß § 29 des Summary Jurisdiction Act 1879 (42 und 43 Vict. c. 49) zu erlassen, erstreckt sich auch auf Anordnungen, die sich auf die Bestimmungen dieses Paragraphen beziehen, sowie allgemein auf das Verfahren vor den Untergerichten auf Grund dieses Paragraphen.

§ 45 1. Der Asylum Officers' Superannuation Act 1909 (9 Edw. 7 c. 48) findet auf die Beamten der von den Lokalverwaltungen vorgesehenen Anstalten Anwendung mit den in bezug auf die Asylrevisionskomitees getroffenen Ergänzungen betreffs der Leitung dieser Anstalten und anderer vom Staatssekretär verordneter Ergänzungen und Änderungen. Diese können sich insbesondere beziehen auf:

a) die Dienstzeit, nach deren Ablauf die Pensionsberechtigung eintritt;

b) Pensions- und Gratifikationstabellen;

c) Zuschußtabellen.

Jedoch wird hierdurch dem Staatssekretär nicht die Befugnis eingeräumt, durch Verordnung irgendeine Änderung des Asylums Officers' Superannuation Act 1909 herbeizuführen, durch die irgendeine Pensionszahlung eines Beamten oder Bediensteten im Sinne dieses Gesetzes erhöht oder eine Gratifikation herabgesetzt wird.

2. Bevor eine Verordnung des Staatssekretärs entsprechend diesem Paragraphen erlassen wird, ist der Entwurf dazu beiden Häusern des Parlaments auf mindestens 30 Tage während der Parlamentstagung vorzulegen. Wenn eines der Häuser des Parlaments vor Ablauf dieser 30 Tage eine Adresse an den König gegen den ganzen Entwurf oder einzelne Teile desselben richtet, dürfen weitere Maßregeln in dieser Sache nicht ergriffen werden, es sei denn, daß ein neuer Entwurf vorgelegt wird.

§ 46. 1. Die Leiter oder Eigentümer einer genehmigten Anstalt, die nicht von einer Lokalverwaltung eingerichtet ist, oder eines genehmigten Hauses oder eines zugelassenen Heims können allein oder gemeinsam mit den Leitern oder Eigentümern derartiger Anstalten, Häuser oder Heime, Pensionstabellen für solche Anstaltsbeamten aufstellen, welche infolge dauernden geistigen oder körperlichen Siechtums oder hohen Alters unfähig werden, ihre Pflichten zu erfüllen, und deshalb in den Ruhestand treten oder anderweitig ihr Amt niederlegen.

2. Die von den Anstaltsleitern auf Grund solcher Tabellen gemachten Auslagen gelten als Teil der Anstaltsausgaben.

§ 47. Zu den Ausgaben der Unterbringung einer jeden Person in genehmigte Anstalten oder unter Vormundschaft, einschließlich der Transportkosten in eine andere Anstalt und andere Ausgaben auf Grund dieses Gesetzes, seitens der Lokalverwaltungen ist aus den vom Parlament bewilligten Geldern ein Zuschuß in solcher Höhe und unter solchen Bedingungen zu gewähren, als der Staatssekretär mit Zustimmung des Schatzamts bewilligt. Dieser in jedem Rechnungsjahr gezahlte Zuschuß darf jedoch, wenn das Parlament es nicht anders bestimmt, 150 000 Pfund nicht übersteigen. Diese Grenze bezieht sich nicht auf die Ausgaben für Personen, die in solche Anstalten oder unter Vormundschaft gebracht werden:

a) auf Anordnung des Staatssekretärs;

b) auf Gerichtsbeschluß, nachdem sie einer Straftat oder der Unterbringung in eine Erziehungs- oder Besserungsanstalt für schuldig befunden wurden.

§ 48. Wenn eine Gesellschaft die Verpflichtung übernommen hat, geistig Minderwertigen, die nicht in einer Anstalt sind, beizustehen und sie zu überwachen, kann ihr zu ihren Ausgaben für diese Personen ein Zuschuß in solcher Höhe und unter solchen Bedingungen gezahlt werden, als der Staatssekretär mit Zustimmung des Schatzamts bewilligt.

§ 49. 1. Wenn jemand gegen Entgelt geistig Minderwertige in seinem Hause aufnehmen will, hat er bei dem Aufsichtsamt einen Erlaubnisschein hierfür zu beantragen. Das Aufsichtsamt kann dem Antragsteller diesen Erlaubnisschein gegen Entrichtung einer vorgeschriebenen Gebühr unter den darin angegebenen Bedingungen erteilen, wenn es das Gebäude und den Antragsteller hierzu für geeignet hält. Ein solcher Erlaubnisschein ist gültig für die Zeit seiner Ausstellung oder bis er widerrufen oder auf ihn verzichtet wird. Ein Haus, für das ein Erlaubnisschein erlassen ist, wird für die Dauer der Gültigkeit desselben als ein „genehmigtes Haus" im Sinne dieses Gesetzes und der Antragsteller, auf dessen Namen der Schein erteilt wird, als Eigentümer dieses Hauses angesehen.

2. Jeder geistig Minderwertige, der durch Beschluß in eine Anstalt auf Grund dieses Gesetzes gesandt oder untergebracht werden soll, kann auch durch Beschluß in ein genehmigtes Haus gesandt oder dort untergebracht werden, und alle Bestimmungen dieses Gesetzes in bezug auf Anstalten und Patienten finden auf genehmigte Häuser und die darin befindlichen Patienten Anwendung.

Jedoch:

a) dürfen nicht die auf Grund dieses Gesetzes vom Parlament bewilligten Gelder für die Ausgaben der Unterbringung geistig Minderwertiger in genehmigten Häusern verwendet werden;

b) ist keine Lokalverwaltung berechtigt oder verpflichtet, zu den Ausgaben für geistig Minderwertige, die durch Beschluß in ein genehmigtes Haus gesandt oder dort untergebracht sind, Zuschüsse zu leisten oder für Überführung, Aufnahme und Unterhalt in einem genehmigten Hause Sorge zu tragen;

c) finden die Vorschriften dieses Gesetzes über Rückerstattung der Kosten durch die Minderwertigen oder deren Unterhaltspflichtige auf die Bezahlung des Unterhalts der in genehmigte Häuser durch Beschluß gesandten Minderwertigen keine Anwendung;

d) ist von dem Hausarzt oder einem anderen mittelbar oder unmittelbar an dem Hause interessierten Arzt kein besonderer Bericht über die körperliche und geistige Beschaffenheit des geistig Minderwertigen gemäß § 11 dieses Gesetzes zu erstatten.

§ 50. 1. Die Leiter von Besitzungen, in denen geistig Minderwertige untergebracht und ganz oder teilweise durch freiwillige Beiträge oder dadurch unterhalten werden, daß der Ausfall der Zahlungen einzelner Patienten durch die Beiträge anderer Patienten gedeckt wird, sowie jede Person, die zum eigenen Erwerb geistig Minderwertige in ihr Haus aufnehmen will, kann beim Aufsichtsamt um Zulassung dieses Grundstücks oder Hauses nachsuchen. Das Aufsichtsamt kann nach eigenem Ermessen, wenn es das Grundstück oder Haus sowie den Antragsteller für geeignet hält, gegen Erstattung einer etwa hierfür vorgeschriebenen Gebühr die Zulassung unter der Bedingung bewilligen, daß Inspektionen, Berichterstattungen und andere erforderliche Maßregeln zu erfolgen haben. Jede derartige Zulassung ist für die Zeit ihrer Bewilligung oder bis sie auf Grund dieses Gesetzes zurückgezogen wird, gültig. Jedes derart zugelassene Grundstück oder Haus wird in diesem Gesetz „zugelassenes Heim“ genannt.

2. Es ist verboten in ein zugelassenes Heim eine Person aufzunehmen, die durch Beschluß des Gerichts, eines Strafgerichts oder des Staatssekretärs gemäß diesem Gesetz in eine Anstalt für geistig Minderwertige gesandt werden soll.

Teil IV.

Allgemeine Bestimmungen.

Strafbare Handlung, gerichtliches Verfahren usw.

§ 51. 1. Niemand darf ohne Genehmigung des Aufsichtsamts die Fürsorge und Kontrolle von mehr als einer Person, die geistig minderwertig oder ihm als geistig minderwertig anvertraut ist, außerhalb einer Anstalt, eines genehmigten Hauses oder zugelassenen Heims übernehmen. Wer diese Bestimmung übertritt, wird wegen Vergehens bestraft.

2. Wer die Fürsorge und Aufsicht einer Person übernimmt, die geistig minderwertig oder als geistig minderwertig außerhalb einer Anstalt eines genehmigten Hauses oder zugelassenen Heims untergebracht ist, hat innerhalb von 48 Stunden nach ihrer Aufnahme der Lokalverwaltung und dem Aufsichtsamt in vorgeschriebener Form Anzeige zu erstatten. Unterläßt er dies, ist er einer strafbaren Handlung auf Grund dieses Gesetzes schuldig.

3. Der Leiter einer Anstalt für geistig Minderwertige, der Eigentümer eines genehmigten Hauses oder der Vormund eines geistig Minderwertigen, die einen Patienten festhalten oder wissentlich Befugnisse ausüben, die ihnen nach diesem Gesetz nicht mehr zustehen, werden wegen Vergehens bestraft.

4. Unberührt bleiben die Bestimmungen der Irrengesetze aus den Jahren 1899—1911 und des Elementary Education (Defective and Epilectic Children) Act 1899 und deren Ergänzungen, nach denen jemand eine Person auf Grund dieser Vorschriften aufnimmt und festhält, ungeachtet, daß die aufgenommene und festgehaltene Person geistig minderwertig im Sinne dieses Gesetzes ist.

§ 52. Wer trotz Warnung von seiten des Vormunds oder einer Person, unter deren Fürsorge ein Patient außerhalb einer Anstalt oder eines genehmigten Hauses gestellt worden ist, wissentlich berauschende Mittel dem geistig Minderwertigen oder zu seinem Gebrauch verabreicht, wird wegen Vergehens bestraft. Eine Bestrafung tritt jedoch bei Verabreichung berauschender Mittel nicht ein, wenn die warnende Person auf Verlangen sich über ihre Vertretungsmacht nicht auszuweisen vermag.

§ 53. Strafbar auf Grund dieses Gesetzes ist das Verheimlichen eines Patienten in einer Anstalt oder eines genehmigten Hauses oder, wenn der Patient außerhalb der Anstalt oder des Hauses vorläufig mit oder ohne Erlaubnisschein entlassen ist, in einem Zufluchtsort oder unter Vormundschaft sich befindet, das Herbeiführen oder die wissentliche Unterstützung des Brechens der Bedingungen der Vormundschaft oder der vorläufigen Entlassung.

§ 54. 1. Wer sich einem Mitgliede des Aufsichtsamts, einem Inspektor, Revisor, Beamten oder einer anderen von einer Lokalverwaltung ernannten Person bei der Ausübung der ihnen auf Grund dieses Gesetzes zustehenden Machtbefugnisse widersetzt, wird wegen Vergehens bestraft.

2. Wer vorsätzlich jemanden, der auf Grund dieses Gesetzes durch schriftliche Anordnung des Staatssekretärs ermächtigt ist, einen angeblich geistig Minderwertigen aufzusuchen und zu beobachten, oder der ermächtigt ist, den Zustand einer Anstalt, eines genehmigten Hauses zugelassenen Heims, Gefängnisses oder Ortes, in welchem eine angeblich geistig minderwertige Person untergebracht ist oder untergebracht werden soll, zu inspizieren oder zu untersuchen, bei der Ausführung dieser Anordnung Widerstand leistet, wird wegen Vergehens bestraft. Das Gleiche gilt, wenn jemand vorsätzlich einer Person Widerstand leistet, die auf Grund einer Anordnung des Aufsichtsamts ermächtigt ist, eine Revision und Untersuchung in Ausübung einer solchen Anordnung vorzunehmen.

§ 55. Ein Leiter, Beamter, Wärter, Bediensteter, eine Pflegerin oder eine andere in einer Anstalt, einem genehmigten Hause oder zugelassenen Heim angestellte Person sowie jeder, der zur Sorge für einen Minderwertigen, sei es auf Grund eines Vertrages, sei es infolge Verwandtschaft, Heirat oder in anderer Weise verpflichtet ist, macht sich eines Vergehens schuldig, wenn er den geistig Minderwertigen mißhandelt oder vorsätzlich vernachlässigt.

§ 56. 1. Wegen Vergehens mit Gefängnis mit oder ohne harte Arbeit bis zu 2 Jahren ist strafbar, wer:

a) rechtswidrig mit einer Frau oder einem Mädchen, die in Fürsorge und Behandlung in einer Anstalt, einem genehmigten Hause, zugelassenen Heim oder unter Vormundschaft sich befindet, oder mit Erlaubnisschein aus der Anstalt entlassen ist, geschlechtlich verkehrt oder zu verkehren versucht; oder

b) wer dem unzüchtigen Verkehr mit Frauen oder Mädchen, die geistig minderwertig sind, im Inlande oder Auslande Vorschub leistet oder zu leisten versucht; oder

c) wer der Prostitution einer Frau oder eines Mädchens, die geistig minderwertig ist, im Inlande oder Auslande Vorschub leistet; oder

d) wer als Eigentümer oder Besitzer eines Grundstücks oder als dessen Vertreter einer Frau oder einem Mädchen, die geistig minderwertig ist, Unterkunft gewährt oder wissentlich duldet, daß diese dort mit Männern geschlechtlich verkehren können, und zwar ohne Rücksicht darauf, ob der Geschlechtsverkehr sich auf einen bestimmten Mann beschränkt oder auf eine unbestimmte Personenzahl ausgedehnt werden sollte;

e) wer eine Frau oder ein Mädchen, die geistig minderwertig ist, gegen den Willen des Vaters oder anderer Personen, denen gesetzlich die Sorge über sie zusteht, entführt, um sie im allgemeinen zum Geschlechtsverkehr oder zu einem solchen mit einem bestimmten Manne zu bringen.

Die Bestrafung tritt nicht ein, wenn der Täter beweist, daß er nicht wußte oder keinen Grund zur Annahme hatte, daß die Frau oder das Mädchen geistig minderwertig war.

2. § 10 des Criminal Law Amendment Act 1885 (48 u. 49 Vict. c. 69) findet für den Fall, daß eine Frau oder ein Mädchen geistig minderwertig ist, in der gleichen Weise Anwendung, wie er auf Mädchen unter 16 Jahren anzuwenden ist.

3. Ohne Veränderung und in Ergänzung der Bestimmungen des Criminal Law Amendment Act 1880 (43 und 44 Vict. c. 45) kann als Verteidigung in dem Verfahren wegen unsittlicher Handlungen gegenüber einer geistig Minderwertigen nicht deren Einwilligung zur Vornahme der Handlung vorgebracht werden, wenn der Angeklagte wußte oder Grund zur Annahme hatte, daß die Person, der gegenüber die Straftat begangen wurde, geistig minderwertig war.

4. Das Verfahren auf Grund dieses Paragraphen findet nicht vor den Vierteljahrsgerichten statt.

5. Wenn die Geschworenen bei einer Anklage wegen Notzucht den Angeklagten der Straftat des Abs. 1a dieses Paragraphen, aber nicht der Notzucht für überführt erachten, können sie ihn wegen Notzucht freisprechen und ihn der vorerwähnten Straftat für schuldig erklären. Der Angeklagte ist alsdann zu bestrafen, wie wenn die Anklage von vornherein wegen der genannten Straftat erhoben wäre.

6. § 4 des Criminal Evidence Act 1898 (61 u. 62 Vict. c. 36) findet in der Weise Anwendung, als wenn dieser Paragraph dieses Gesetzes im Anhang zu jenem Gesetz enthalten wäre.

§ 57. Wer in ein Buch, ein Protokoll oder einen Bericht wissentlich eine falsche Eintragung über Dinge macht, die er auf Grund dieses Gesetzes oder besonderer Verordnungen einzutragen hat, macht sich eines Vergehens schuldig.

§ 58. Wer um einen Genehmigungs- oder Zulassungsschein oder deren Erneuerung zu erhalten vorsätzlich dem Aufsichtsamt eine unwahre oder unrichtige Auskunft, Zeichnung, Beschreibung oder Anzeige macht, wird wegen Vergehens bestraft.

§ 59. Wer sich der Übertretung einer auf Grund dieses Gesetzes erlassenen Verordnung schuldig macht, wird vom Untergericht mit einer Geldstrafe bestraft, welche die in der Verordnung angegebene Höhe nicht überschreiten darf. Das in derartigen Verordnungen angegebene Höchstmaß der Strafe darf 3 Monate Gefängnis oder 50 Pfund oder beides zusammen nicht übersteigen.

§ 60. 1. Eine in diesem Gesetz als Vergehen bezeichnete Straftat ist mit Geldstrafe oder Gefängnis bis zu 2 Jahren mit oder ohne harte Arbeit zu bestrafen. Über die Straftat kann, wenn es nicht ausdrücklich anders bestimmt ist, von einem Untergericht entschieden werden; doch darf alsdann nur auf Gefängnis bis zu 3 Monaten mit oder ohne harte Arbeit oder auf Geldstrafe bis zu 50 Pfund oder auf beide Strafarten nebeneinander erkannt werden.

2. Wegen jeder anderen nach diesem Gesetz mit Strafe bedrohten Handlung ist durch das Untergericht auf Gefängnis bis zu 3 Monaten mit oder ohne harte Arbeit, auf Geldstrafe bis zu 50 Pfund oder auf beide Strafarten nebeneinander zu erkennen.

§ 61. Gegen die Entscheidung der Untergerichte ist Berufung an die Vierteljahrsgerichte zulässig.

§ 62. Die Leiter einer Anstalt, die Eigentümer eines genehmigten Hauses, sowie jeder Beamte einer solchen Anstalt oder eines solchen Hauses, der mit einer schriftlichen Ermächtigung der Leiter oder Eigentümer versehen ist, haben zwecks Überführung einer Person nach und aus der Anstalt oder des Hauses oder zwecks Ergreifung und Rückschaffung bei seiner Flucht oder bei seiner Weigerung zur Rückkehr die Amtsbefugnisse und Privilegien eines Polizeibeamten.

§ 63. Die §§ 330 und 332 des Lunacy Act 1890 finden entsprechende Anwendung gleich als ob sie in diesem Gesetz enthalten wären.

Zusatzbestimmungen.

§ 64. § 50 und Teil IV des Lunacy Act 1890 sowie etwaige spatere Ergänzungen dieser Bestimmungen finden auf die Verwaltung des Vermögens einer in eine Anstalt, ein genehmigtes Haus oder unter Vormundschaft gebrachten Person in gleicher Weise entsprechende Anwendung, wie sie auf die Verwaltung des Vermögens einer als geisteskrank („lunatic") verwahrten, aber durch Untersuchung als gesund befundenen Person Anwendung finden. Die genannten Bestimmungen finden ferner auf die Verwaltung des Vermögens einer Person, von der dem Richter in Irrensachen nachgewiesen wird, daß sie geistig minderwertig im Sinne dieses Gesetzes ist, in gleicher Weise entsprechende Anwendung, wie sie auf die Verwaltung des Vermögens einer Person anzuwenden sind, die infolge von Geistesschwäche, hervorgerufen durch Siechtum oder Alter, unfähig ist, ihre Angelegenheiten zu besorgen.

§ 65. 1. Alle Befugnisse und Pflichten der Mitglieder der Irrenverwaltung („Commissioner in Lunacy") nach den Irrengesetzen aus den Jahren 1890/91 werden vom Inkrafttreten dieses Gesetzes ab auf das Aufsichtsamt übertragen. Der König kann durch Staatsratsbeschluß („Order in Council") anordnen, daß alle Maßnahmen, zu denen ein oder mehrere Mitglieder der Irrenverwaltung oder einer ihrer Beamten ermächtigt oder verpflichtet sind, von einem oder mehreren Mitgliedern des Aufsichtsamts oder entsprechenden Beamten getroffen werden können.

Jedoch muß der Staatsratsbeschluß vorschreiben, daß alle Maßnahmen, die nach den Irrengesetzen von zwei Mitgliedern, einem Mediziner und einem Barrister, vorzunehmen sind, von zwei Mitgliedern des Aufsichtsamts, einem juristischen und einem medizinischen getroffen werden müssen. Der Staatsratsbeschluß soll ferner vorschreiben, daß im Falle vorübergehender Krankheit oder Unfähigkeit eines juristischen oder medizinischen Mitgliedes des Aufsichtsamts der Lordkanzler oder der Staatssekretär (je nach Lage des Falles) eine Person, die zum juristischen oder medizinischen Mitgliede befähigt ist, zum Vertreter für die Dauer der Krankheit oder Unfähigkeit ernennen.

2. Vom Inkrafttreten dieses Gesetzes an ist das bestehende Beamtenpersonal der Irrenaufsichtsbehörde von dem Aufsichtsamt zu übernehmen, jedoch ohne Nachteil eines jeden bereits vorhandenen Beamten.

3. Vom Inkrafttreten dieses Gesetzes an werden die §§ 150—161 des Lunacy Act 1890 aufgehoben.

§ 66. Der Staatssekretär kann durch Beschluß den Grafschafts- oder selbständigen Gemeinderat, die nach den Irrengesetzen aus den Jahren 1890—1911 als Lokalbehörden handeln, ermächtigen, dem Fürsorgekomitee für geistig Minderwertige zugleich die Befugnisse des Besuchs- und Asylkomitees auf Grund der Irrengesetze einzuräumen, ungeachtet irgend welcher in den Irrengesetzen entgegenstehender Vorschriften.

§ 67. 1. Der Idiots Act 1886 wird hiermit aufgehoben.

2. Jedes Krankenhaus, jede Anstalt oder konzessioniertes Haus, das bei Inkrafttreten dieses Gesetzes gemäß dem Idiots Act 1886 in ein Register eingetragen ist, ist ohne weitere Genehmigung als eine genehmigte Anstalt im Sinne dieses Gesetzes anzusehen.

Jedoch:

a) wenn ein solches Krankenhaus, eine solche Anstalt oder ein konzessioniertes Haus zum privaten Erwerbszweck betrieben wird, ist es als genehmigtes Haus anstatt als genehmigte Anstalt anzusehen;

b) wenn das Vorstandskomitee eines solchen Krankenhauses oder konzessionierten Hauses einen entsprechenden Antrag beim Aufsichtsamt stellt, kann das Krankenhaus, die Anstalt oder das Haus auf Grund entsprechender Anordnung des Aufsichtsamts auch ganz oder zum Teil als ein zugelassenes Heim angesehen werden.

3. Jeder, der vor Inkrafttreten dieses Gesetzes in einem Krankenhaus, in einer Anstalt oder einem konzessionierten Haus, die gemäß dem Idiots Act 1886 in ein Register eingetragen sind, untergebracht ist, kann dort nach Inkrafttreten dieses Gesetzes weiter in der gleichen Weise verbleiben, als wenn er auf Grund der Bestimmungen dieses Gesetzes und unmittelbar nach dessen Inkrafttreten dort untergebracht wäre.

4. Die Bestimmungen über Pensionierungen eines im Dienst befindlichen oder entlassenen Beamten oder Bediensteten eines Krankenhauses, einer Anstalt oder eines konzessionierten Hauses, die gemäß dem Idiots Act 1886 in ein Register eingetragen sind, bleiben nach Inkrafttreten dieses Gesetzes bestehen.

§ 68. Alle auf Grund dieses Gesetzes zu erlassenden Ausführungsverordnungen sind sofort nach ihrem Erlaß dem Parlament vorzulegen. Wenn innerhalb von 30 Sitzungstagen nach ihrer Vorlegung eines der Häuser des Parlaments eine Adresse an den König richtet, mit der Bitte, daß eine dieser Verordnungen außer Kraft treten soll, kann der König durch Staatsratsbeschluß die Verordnungen aufheben. Die auf Grund einer solchen Verordnung bereits getroffenen Maßnahmen behalten ihre Gültigkeit. Die auf Grund dieses Gesetzes erlassenen Ausführungsverordnungen haben die gleiche Wirksamkeit, wie wenn sie in diesem Gesetz enthalten wären.

§ 69. Die Zeit, in welcher ein geistig Minderwertiger in einer Anstalt verwahrt ist oder in einem zugelassenen Heim sich aufhält, wird nicht bei der Berechnung der im § 1 des Poor Removal Act 1844 (9 und 10 Vict. c. 66) nebst Ergänzungen angegebenen Zeit berücksichtigt.

§ 70. Wenn für den Unterhalt einer Person in einer Anstalt oder unter Vormundschaft auf Grund dieses Gesetzes eine andere Person verantwortlich ist, geht diese andere Person dadurch nicht irgendwelcher öffentlichen Rechte oder Privilegien verlustig oder erleidet sonstige Nachteile.

§ 71. 1. In diesem Gesetz bedeutet, falls sich nicht aus dem Zusammenhang etwas anderes ergibt:

der Ausdruck „vorgeschrieben“ („prescribed“) vorgeschrieben durch Verordnungen auf Grund dieses Gesetzes;

der Ausdruck „Vater oder Vormund“ („parent or guardian“) eines Minderwertigen schließt auch in sich eine

Person, die die Pflichten eines Vaters oder Vormunds übernimmt oder ausübt;

der Ausdruck „Verwandter" („relative") bedeutet der Ehemann oder die Ehefrau oder ein Verwandter in der geraden Linie oder der Seitenlinie bis zu den Abkömmlingen des Urgroßvaters oder der Urgroßmutter;

der Ausdruck „berauschende Mittel" („intoxicants") schließt jedes berauschende Getränk sowie jedes betäubende, narkotische oder anreizende medizinische Mittel oder Präparat in sich;

der Ausdruck „Zufluchtsort" („place of safety") bedeutet jedes Armenhaus, Polizeibüro, Anstalt, Jugendgewahrsam sowie jedes Krankenhaus, Klinik oder anderen geeigneten Ort, dessen Inhaber gewillt ist, zeitweise Personen aufzunehmen, die an einen Zufluchtsort gemäß diesem Gesetz gebracht werden können;

der Ausdruck „Hilfsschule oder Hilfsklasse" („special school or class") bedeutet eine Spezialschule oder Klasse im Sinne des Elementary Education (Defective and Epilectic Children) Act 1899;

der Ausdruck „Anstalt" („institution") und „Anstalt für geistig Minderwertige" („institution for defectives") bedeutet eine Staatsanstalt oder genehmigte Anstalt;

der Ausdruck „Staatsanstalt" („state institution") bedeutet eine vom Aufsichtsamt auf Grund dieses Gesetzes eingerichtete Anstalt für geistig Minderwertige mit gefährlichen oder gewalttätigen Neigungen;

der Ausdruck „genehmigte Anstalt" („certified institution") bedeutet eine Anstalt, für die ein Erlaubnisschein gemäß diesem Gesetz an die Leiter derselben zur Aufnahme von geistig Minderwertigen erteilt ist; er schließt ferner jedes von der Armenverwaltung hierfür vorgesehene und nach diesem Gesetz zugelassene Grundstück in sich;

der Ausdruck „genehmigtes Haus" („certified house") bedeutet ein Haus, in welchem geistig Minderwertige von dem Eigentümer desselben aus Gründen eigenen Erwerbs aufgenommen werden und für welches ein Erlaubnisschein zum Betriebe erteilt ist;

der Ausdruck „zugelassenes Heim" („approved home") bedeutet jede Besitzung, in welcher geistig Minderwertige aufgenommen und ganz oder teilweise durch freiwillige Beiträge unterhalten werden, oder bei denen der Ausfall der Zahlungen einzelner Patienten durch die Beiträge anderer Patienten gedeckt werden soll, oder ein Haus, in welchem geistig Minderwertige durch den Eigentümer zum eigenen Erwerb aufgenommen werden, und das durch das Aufsichtsamt auf Grund dieses Gesetzes zugelassen ist;

der Ausdruck „Irrenanstalt“ („institution for lunatics“) hat die gleiche Bedeutung wie in den Irrengesetzen aus den Jahren 1899—1911;

der Ausdruck „Armenverwaltung eines Armenbezirks“ („board of guardian of a poor law union“) schließt in sich die Londoner Asylverwaltung (Metropolitan Asylum Board) und jede gemeinschaftliche Verwaltungsstelle mehrerer Armenbezirke, die durch das Ministerium für die Lokalverwaltungen errichtet ist.

2. Die Kosten der Einnahmerechnung schließen bei einer von der Lokalverwaltung eingerichteten Anstalt die Ausgaben in sich, die aus den Einnahmen durch die Lokalverwaltung für Zinsen und Kapitalrückzahlungen oder durch Renten oder ähnliche Zahlungen aus Anlaß der Einrichtung der Anstalt zu decken sind.

3. Die Scillyinseln gelten als eine Grafschaft im Sinne dieses Gesetzes und der Rat dieser Inseln als Grafschaftsrat; alle durch den Rat auf Grund dieses Gesetzes gemachten Ausgaben sind als allgemeine Ausgaben des Grafschaftsrats anzusehen.

§ 72. 1. Dies Gesetz erhält den Namen Gesetz betr. geistig Minderwertige vom Jahre 1913 (Mental Deficiency Act 1913).

2. Dies Gesetz findet auf Schottland und Irland keine Anwendung.

3. Dies Gesetz tritt am 1. April 1914 in Kraft mit Ausnahme der Vorschriften über die Bildung des Aufsichtsamts, die Ernennung des Sekretärs, der Beamten und Bediensteten des Aufsichtsamts; diese Bestimmungen treten bereits am 1. November 1913 in Kraft.

Anhang.

Befugnisse und Pflichten des Verwaltungsrats (administrative commitee).

1. Die Überwachung der Verwaltung durch Lokalverwaltungen bezüglich ihrer Befugnisse und Pflichten auf Grund dieses Gesetzes.

2. Die Genehmigung und Zulassung von Grundstücken.

3. Die Einrichtung und Unterhaltung von Staatsanstalten.

4. Die Verwaltung der vom Parlament auf Grund dieses Gesetzes bewilligten Gelder.

5. Andere Befugnisse und Pflichten des Aufsichtsamts verwaltungsrechtlicher Natur, die der Staatssekretär oder das Aufsichtsamt dem Verwaltungsrat zuweist.

No. 16. **Allgemeines Bürgerliches Strafgesetzbuch für das Königreich Dänemark** vom 10. Februar 1866 sowie Gesetz, betreffend die Behandlung einiger im allgemeinen Bürgerlichen Strafgesetzbuch behandelter Verbrechen und Gesetz über Gewalt gegen schuldlose Personen vom 11. Mai 1897. Übersetzt von Dr. jur Hans Bittl. 1 M. 60 Pf.

No. 17. **Die Bulgarische Strafprozeßordnung** vom 3. April 1897. Übersetzt von Dr. A. Teichmann, ord. Professor. 2 M. 25 Pf.

No. 18. **Die Norwegische Strafgesetzgebung** vom 22. Mai 1902. 1. Militärstrafgesetz. 2. Gerichtliches Verfahren in Militärstrafsachen. 3. Änderungen im Gesetz über das gerichtliche Verfahren in Strafsachen vom 1. Juli 1887. Übersetzt von Professor Dr. A. Teichmann. 2 M. 50 Pf.

No. 19. **Das Portugiesische Strafgesetzbuch.** Übersetzt von F. Zander. 3 M.

No. 20. **Allgemeines bürgerl. Strafgesetz für das Königreich Norwegen** vom 22. Mai 1902. Übersetzt von Dr. Ernst Heinrich Rosenfeld, o. ö. Professor und Andreas Urbye, Staatsanwalt in Tromsö (einzeln nicht mehr erhältlich). 2 M. 50 Pf.

No. 21. **Die Ottomanische Strafprozeßordnung,** veröffentlicht auf Irade vom 5 Redscheb 1296 (25. Juni 1879). Übersetzt von W. Padel, zweitem Dragoman der Kaiserlich Deutschen Botschaft in Konstantinopel. 2 M. 50 Pf.

No. 22. **Dänemark.** I. Interimistisches Gesetz vom 1. April 1905 betr. Änderungen der Strafgesetze (Prügelgesetz). II. Verordnung betr. Körperstrafe und Vollziehung. III. Bekanntmachung vom 6. September 1905 betr. die Durchführung der im interimistischen Gesetze vom 1. April enthaltenen Bestimmung, daß Gefängnisstrafe bei gewöhnlicher Kost mit Arbeitszwang verbunden ist. 60 Pf.

No. 23. **Strafgesetzbuch für das Kaiserlich japanische Reich** vom 23. April 1907. Übersetzt von Dr. jur. Shigema Oba, Kaiserlich japanischer Staatsanwalt. 1 M. 50 Pf.

No. 24. **Das neue russische Strafgesetzbuch** (Ugolovnoje Ulozenje). Allerhöchst bestätigt am 22. März 1903. Aus dem Russischen übersetzt von Dr. O. S. Bernstein. 4 M.

No. 25. **Oesterreichischer Gesetzentwurf,** betr. die strafrechtliche Behandlung und den strafrechtlichen Schutz Jugendlicher. 1907. 2 M. 50 Pf.

No. 26. **Spanisches Strafgesetzbuch.** Vom 17. Juni 1870. Übersetzt von Alfredo Hartwig. 3 M.

No. 27. **Neueste Englische Kriminalpolitik.**
1. Children Act, 1908.
2. Prevention of Crime Act, 1908.
3. Probation of Offenders Act, 1907. 2 M.

No. 28. Vorentwurf zu einem **Schweizerischen Strafgesetzbuch.** (April 1908.) 1 M. 50 Pf.

Fortsetzung auf der 4. Umschlagseite.

Kolibri 360 GmbH
Ferdinand-Jühlke-Straße 7
99095 Erfurt, Deutschland
produktsicherheit@kolibri360.de